Comida Deliciosa
Libro de Colorear

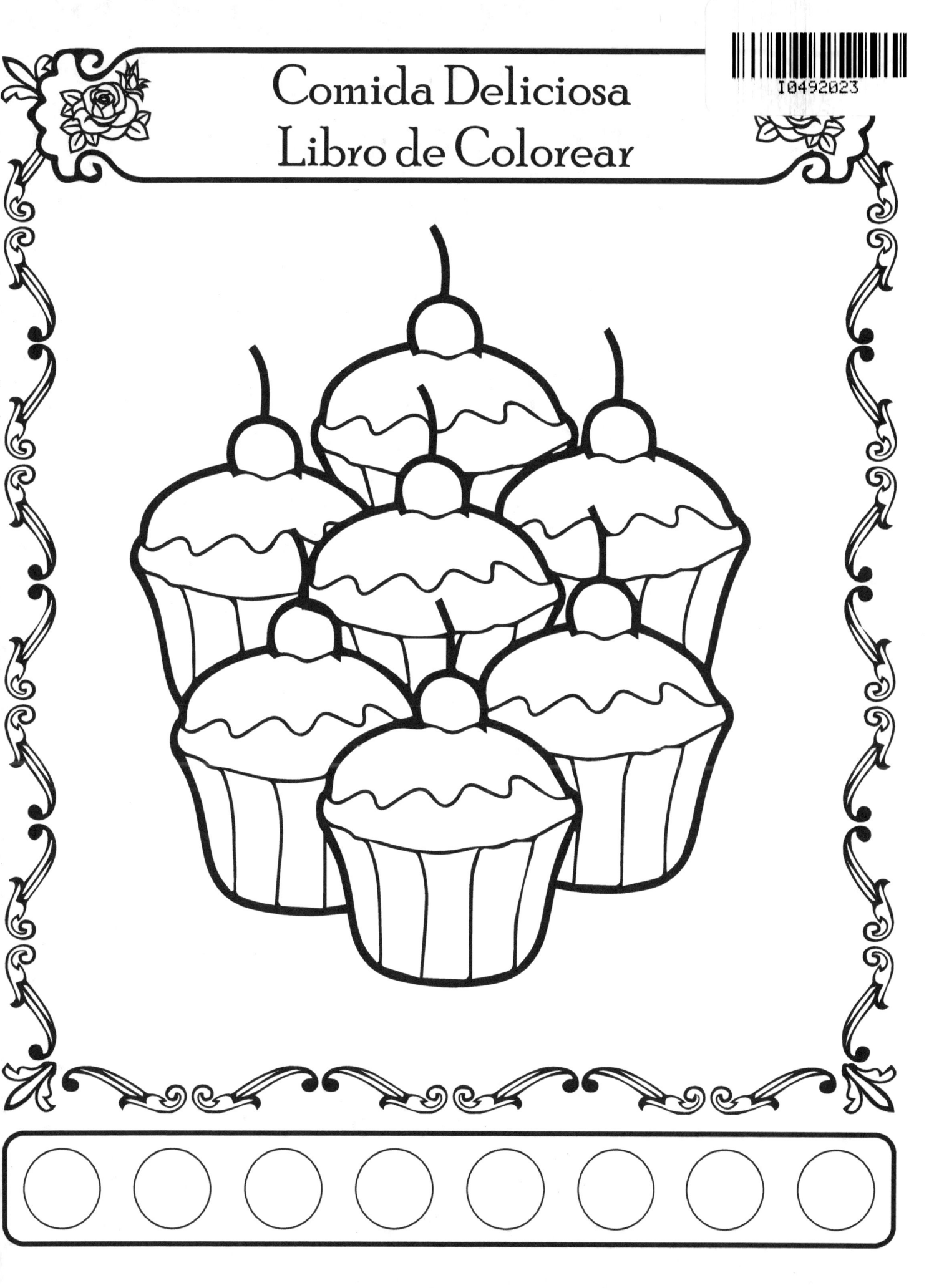

Comida Deliciosa
Libro de Colorear

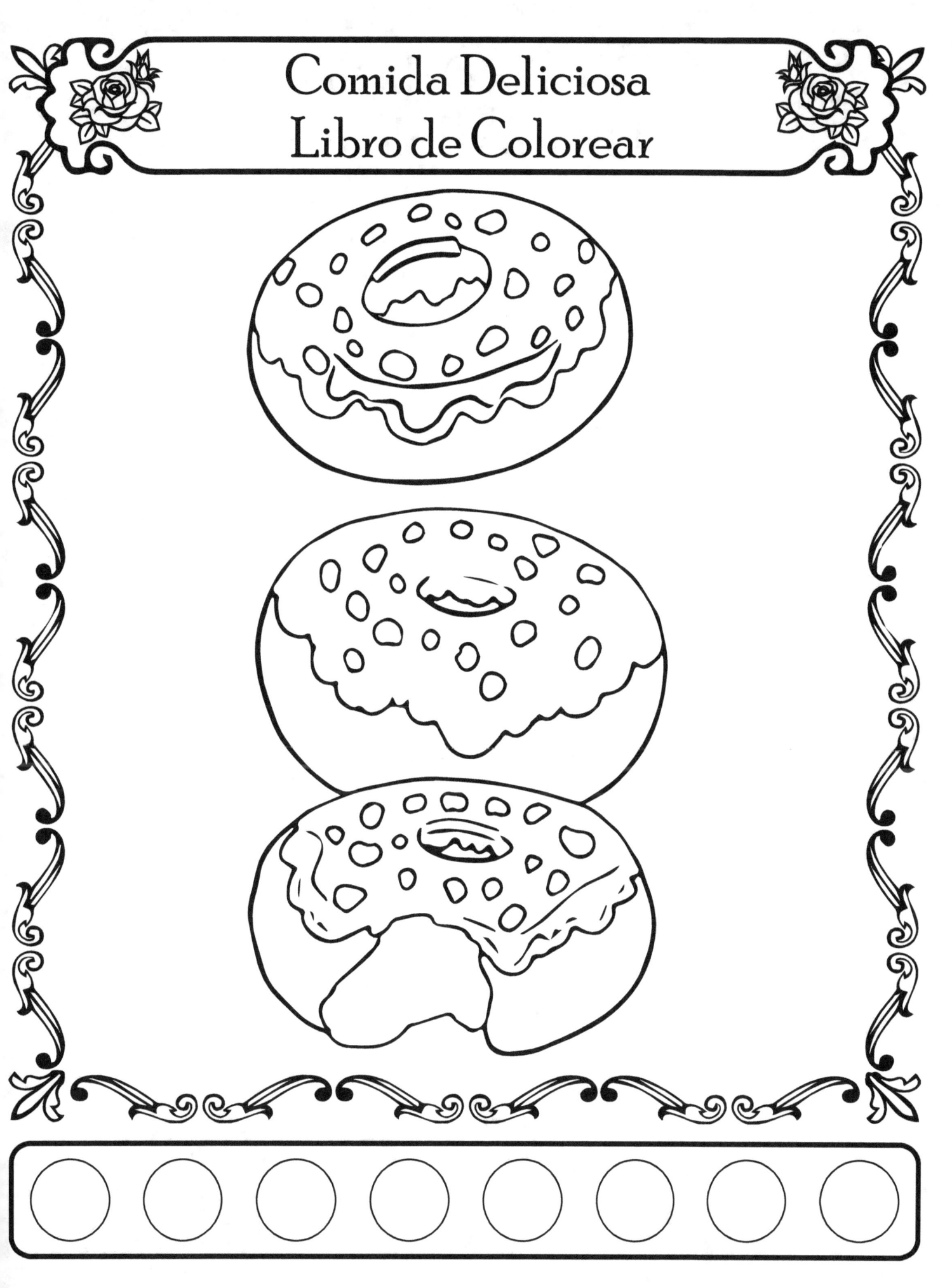

Comida Deliciosa
Libro de Colorear

Comida Deliciosa
Libro de Colorear

Comida Deliciosa
Libro de Colorear

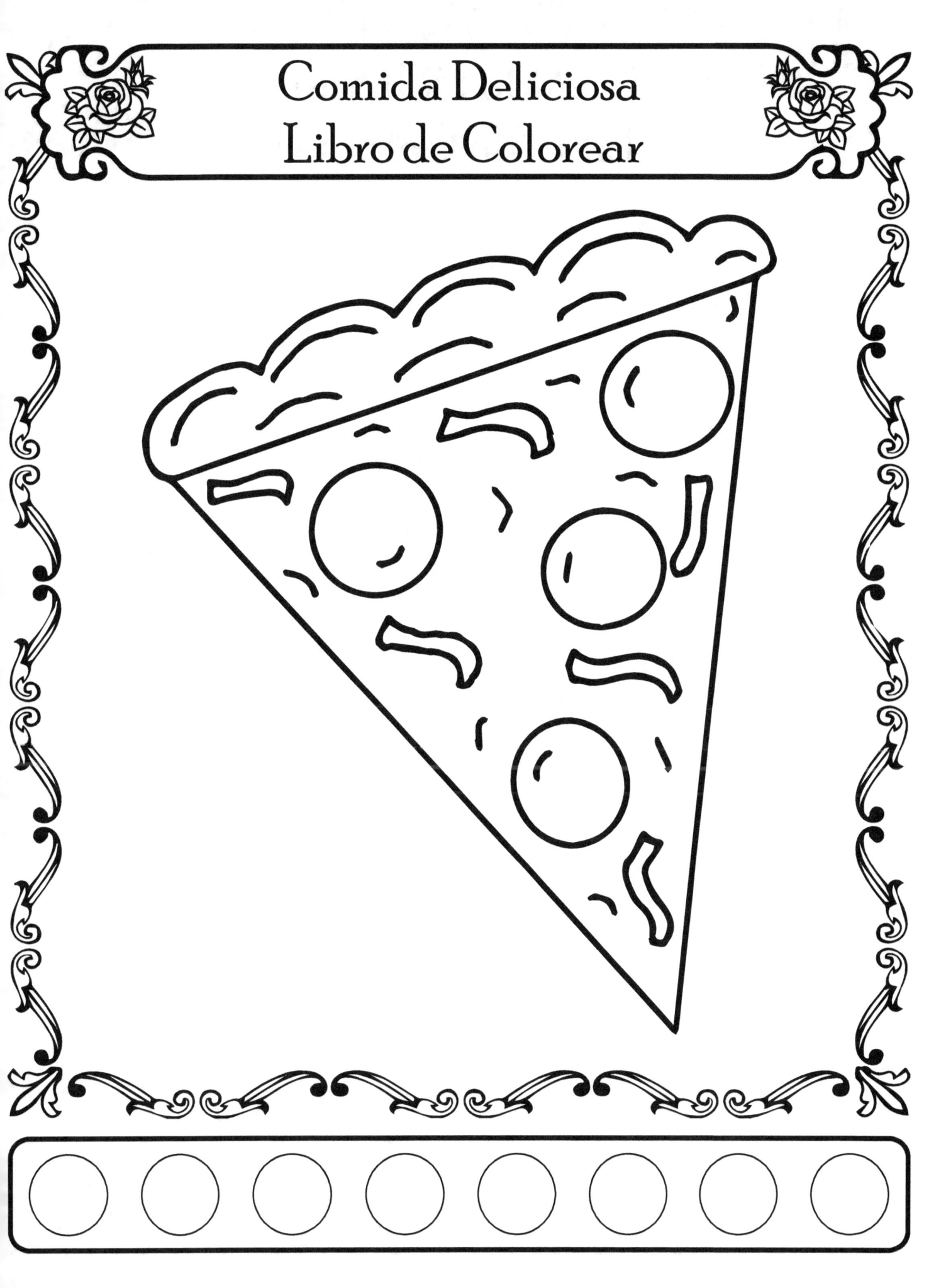

Comida Deliciosa
Libro de Colorear

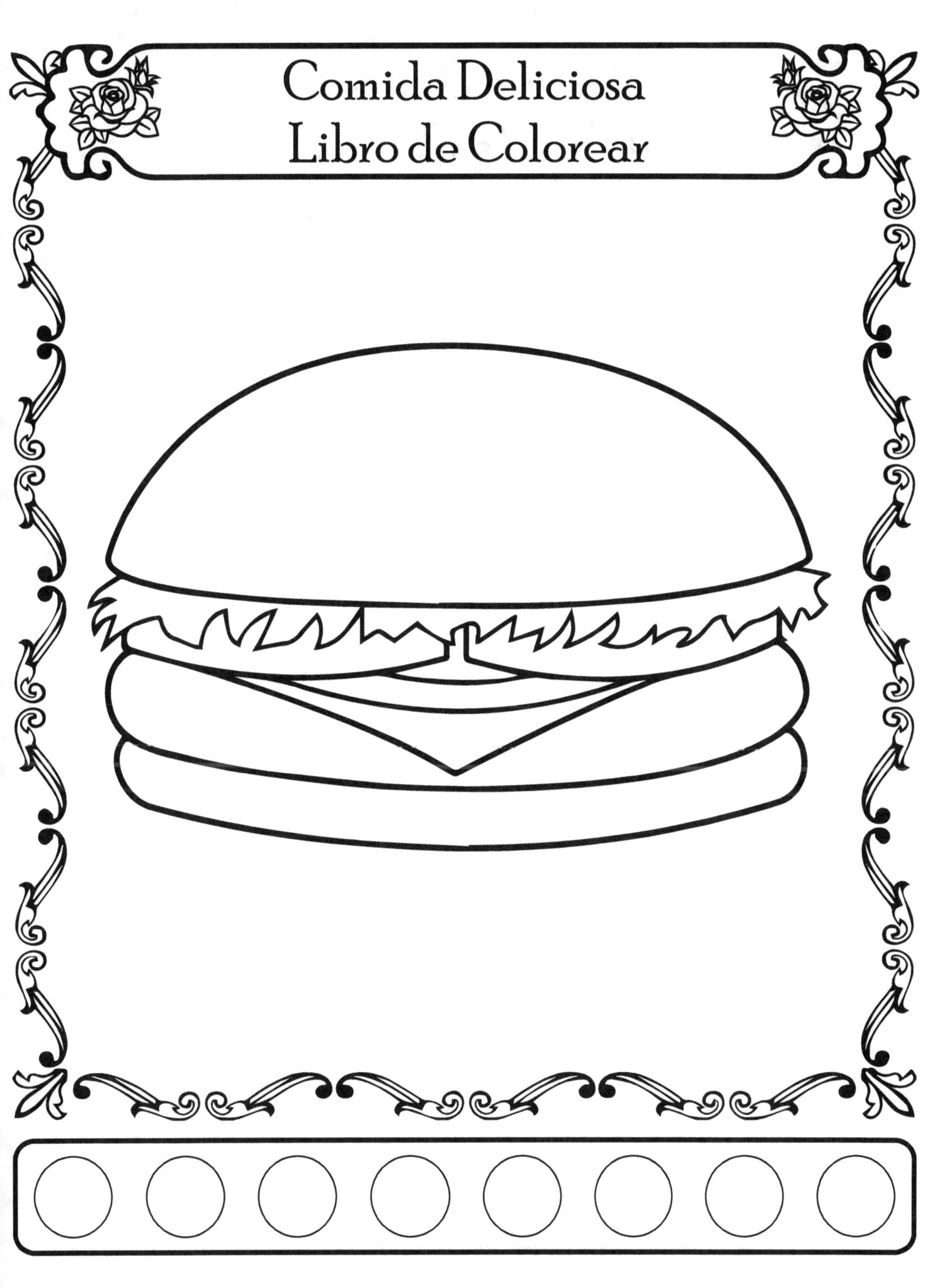

Comida Deliciosa
Libro de Colorear

Comida Deliciosa
Libro de Colorear

Comida Deliciosa
Libro de Colorear

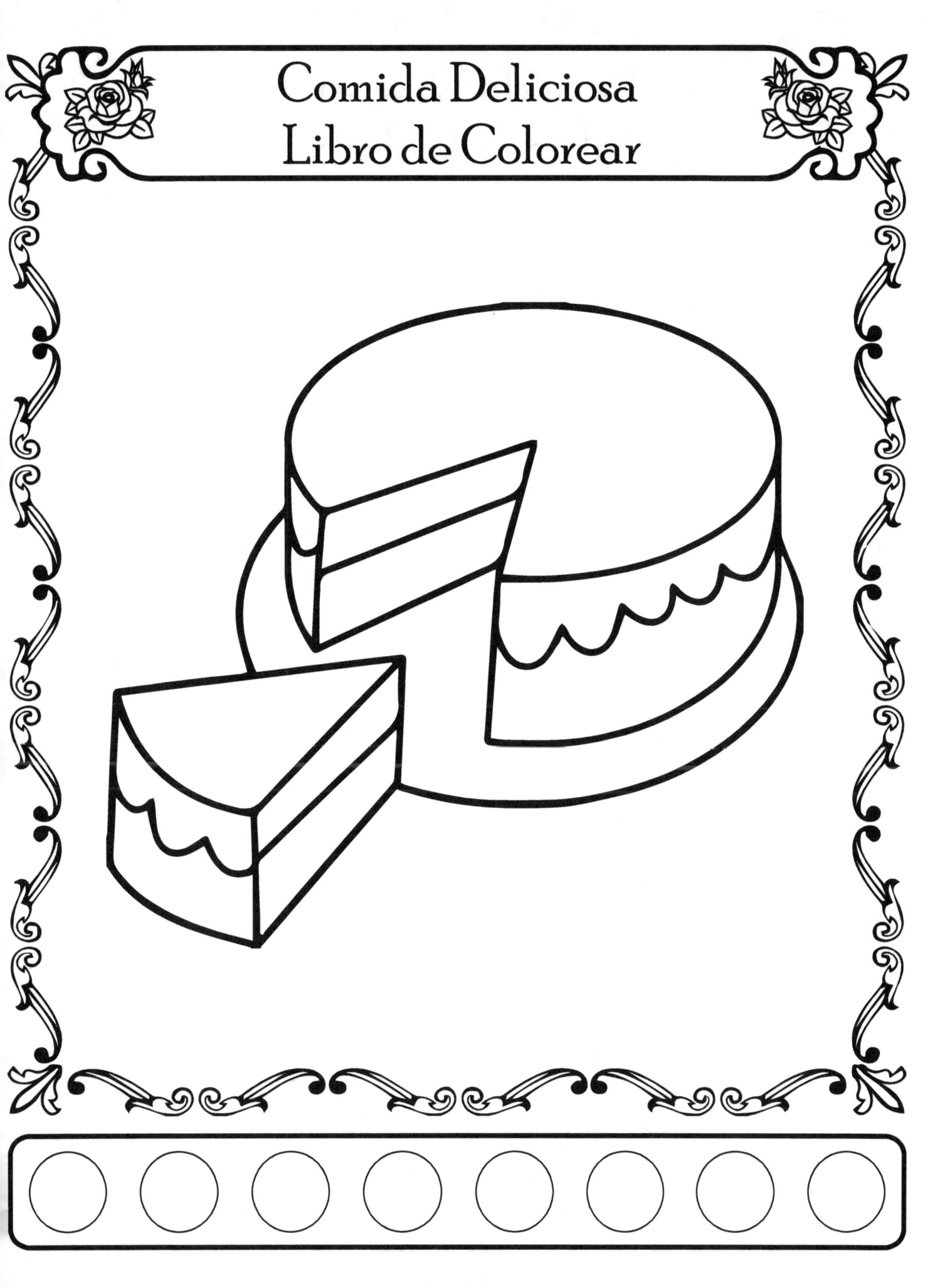

Comida Deliciosa
Libro de Colorear

Comida Deliciosa
Libro de Colorear

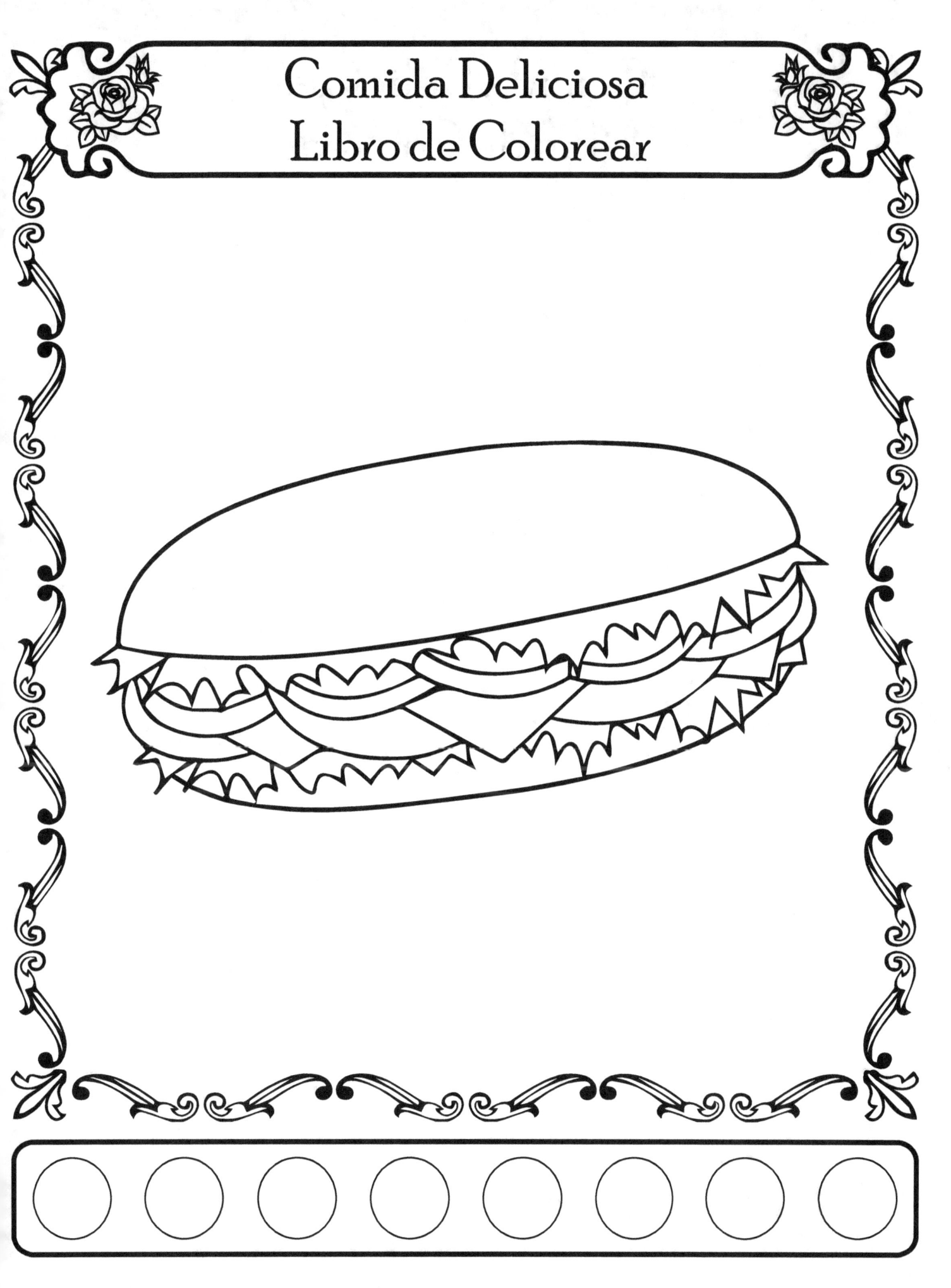

Comida Deliciosa
Libro de Colorear

Comida Deliciosa
Libro de Colorear

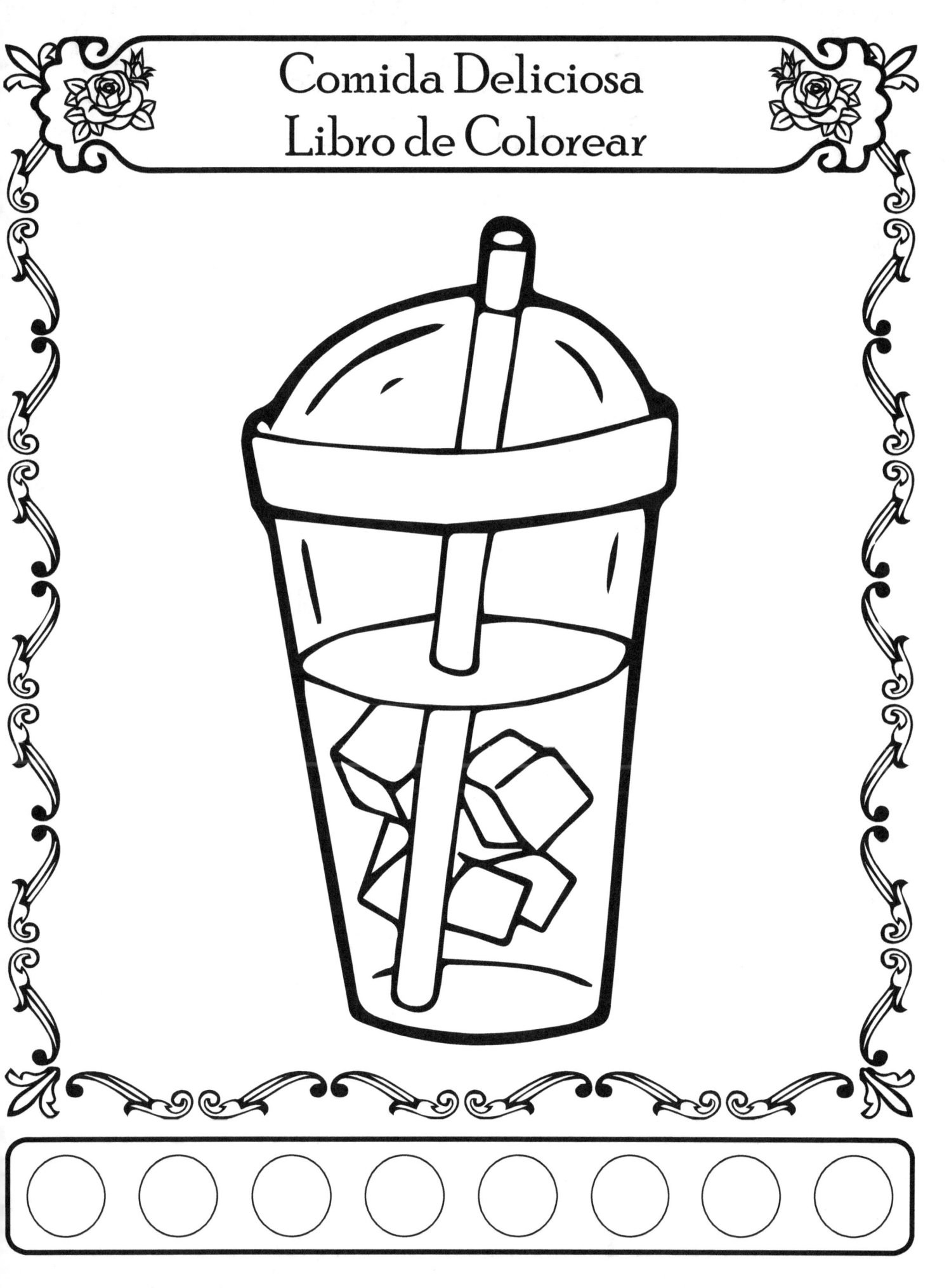

Comida Deliciosa
Libro de Colorear

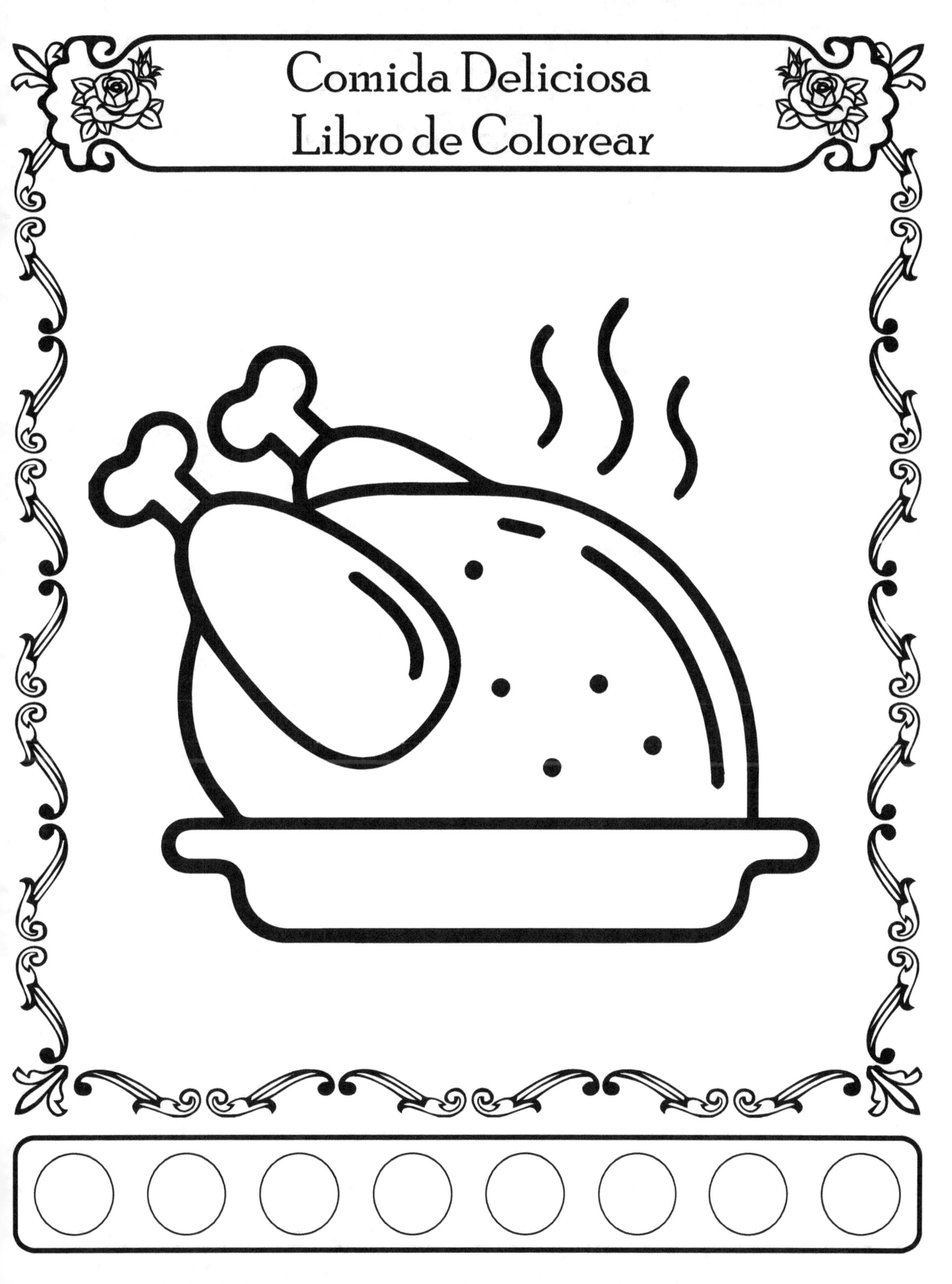

Comida Deliciosa
Libro de Colorear

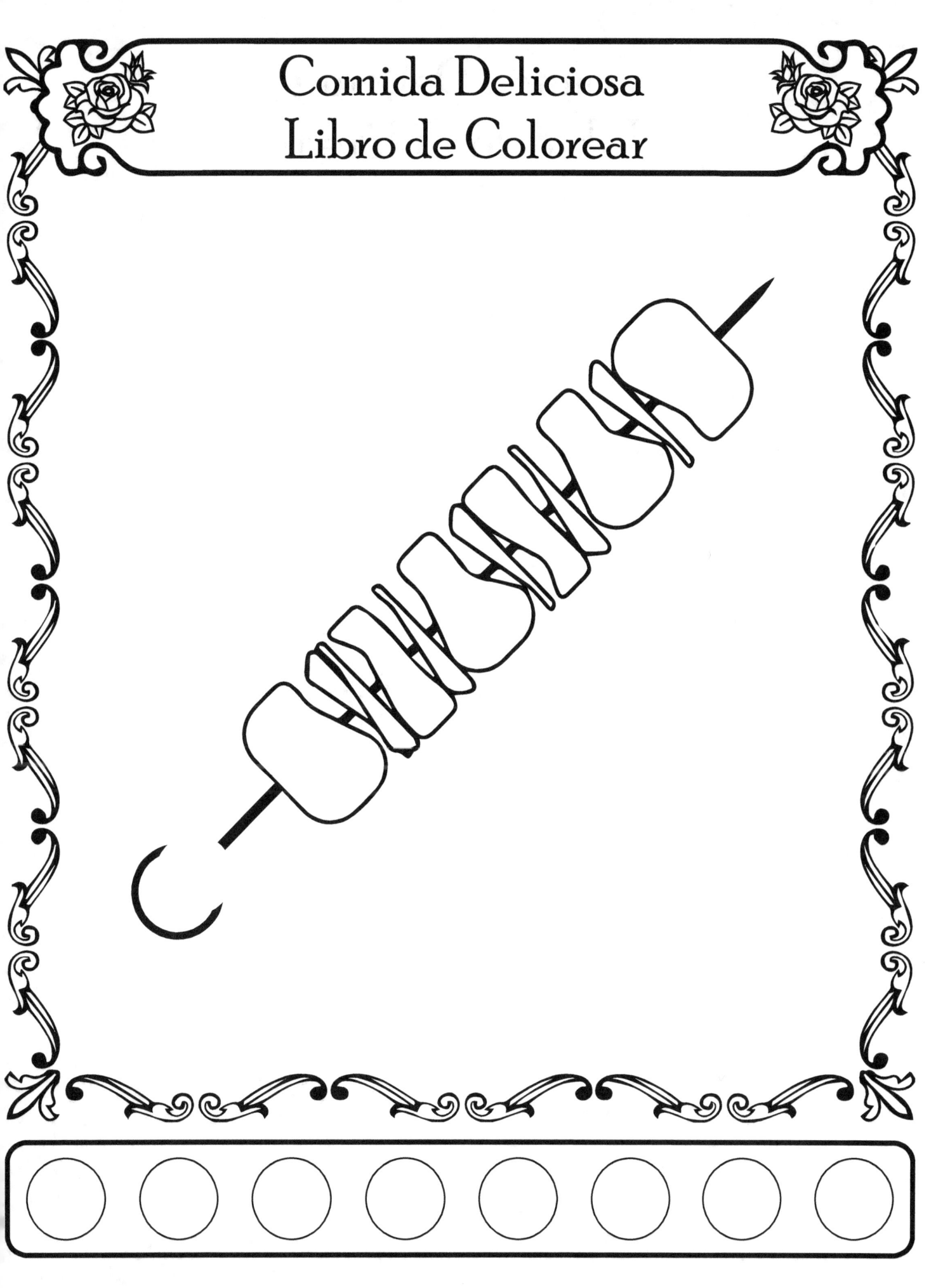

Comida Deliciosa
Libro de Colorear

Comida Deliciosa
Libro de Colorear

Comida Deliciosa
Libro de Colorear

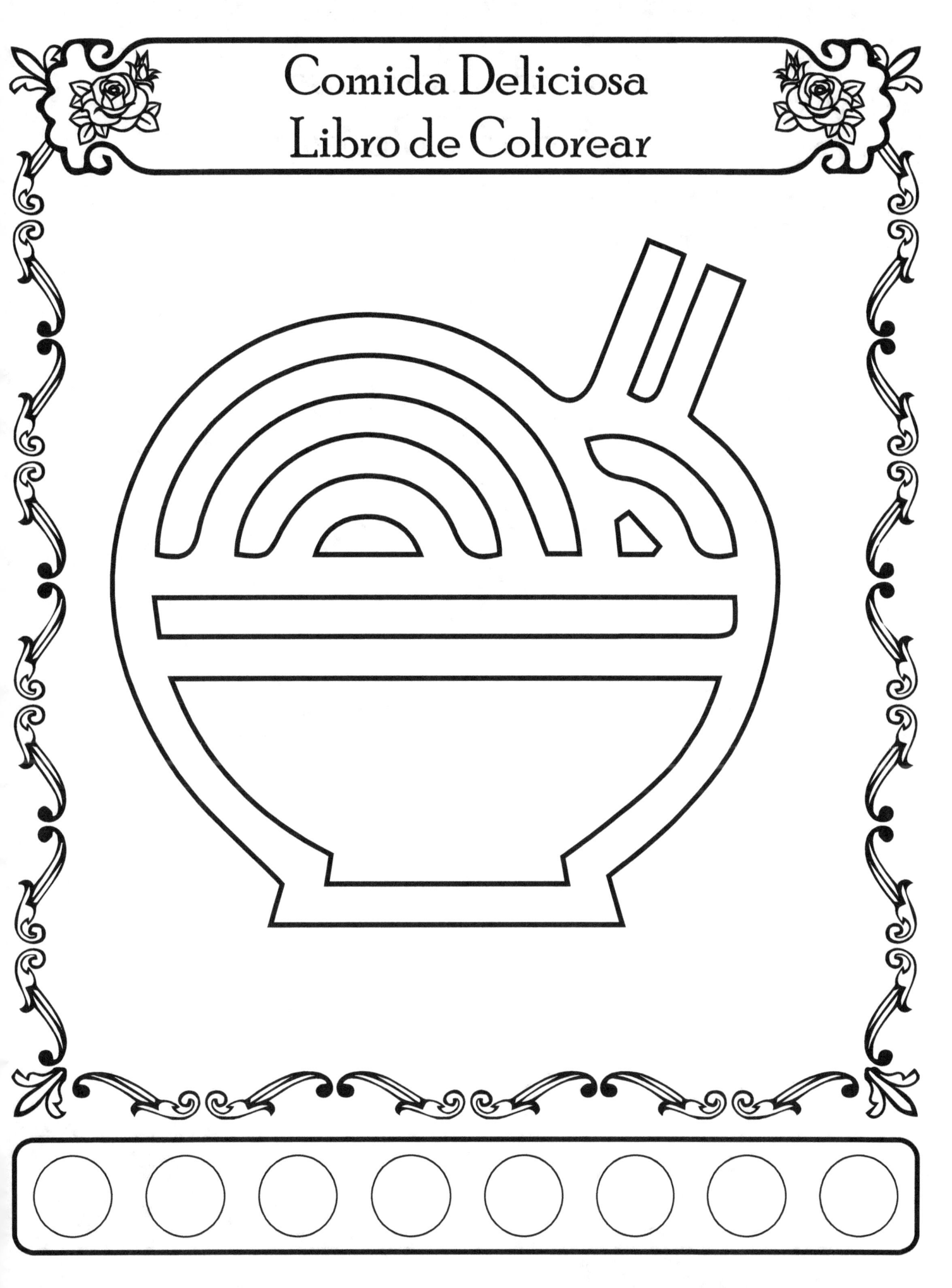

Comida Deliciosa
Libro de Colorear

Comida Deliciosa
Libro de Colorear

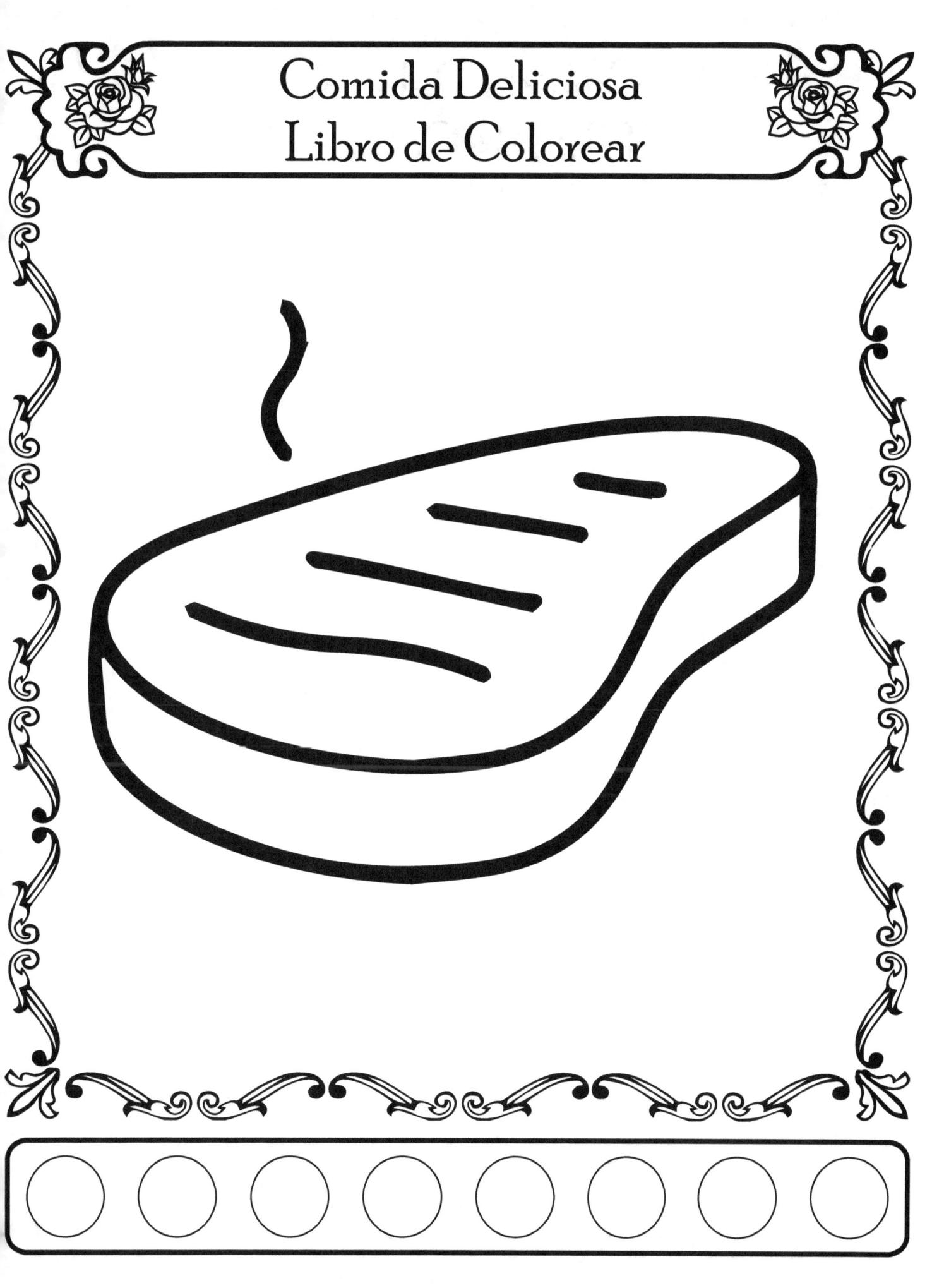

Comida Deliciosa
Libro de Colorear

Comida Deliciosa
Libro de Colorear

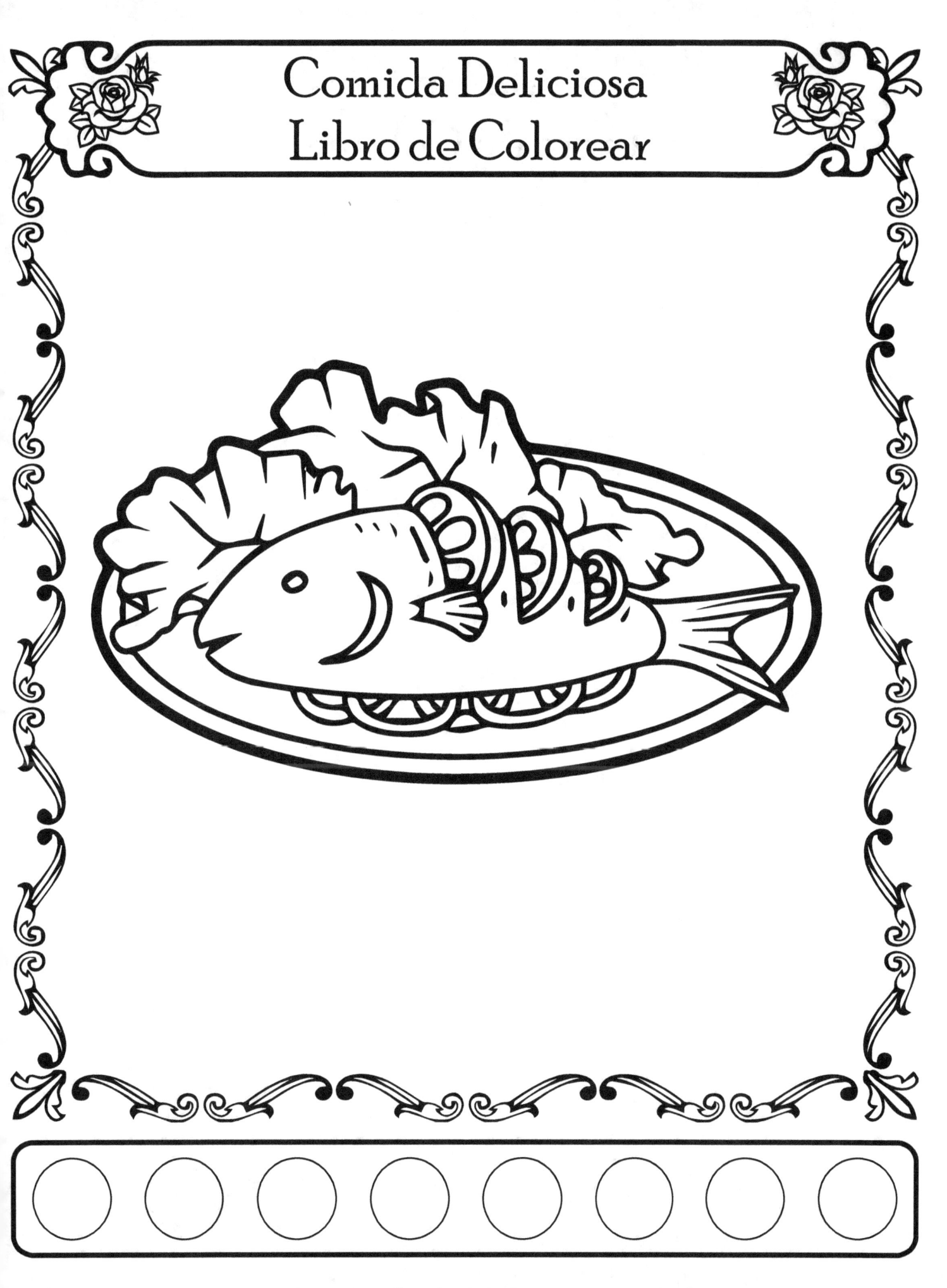

Comida Deliciosa
Libro de Colorear

Comida Deliciosa
Libro de Colorear

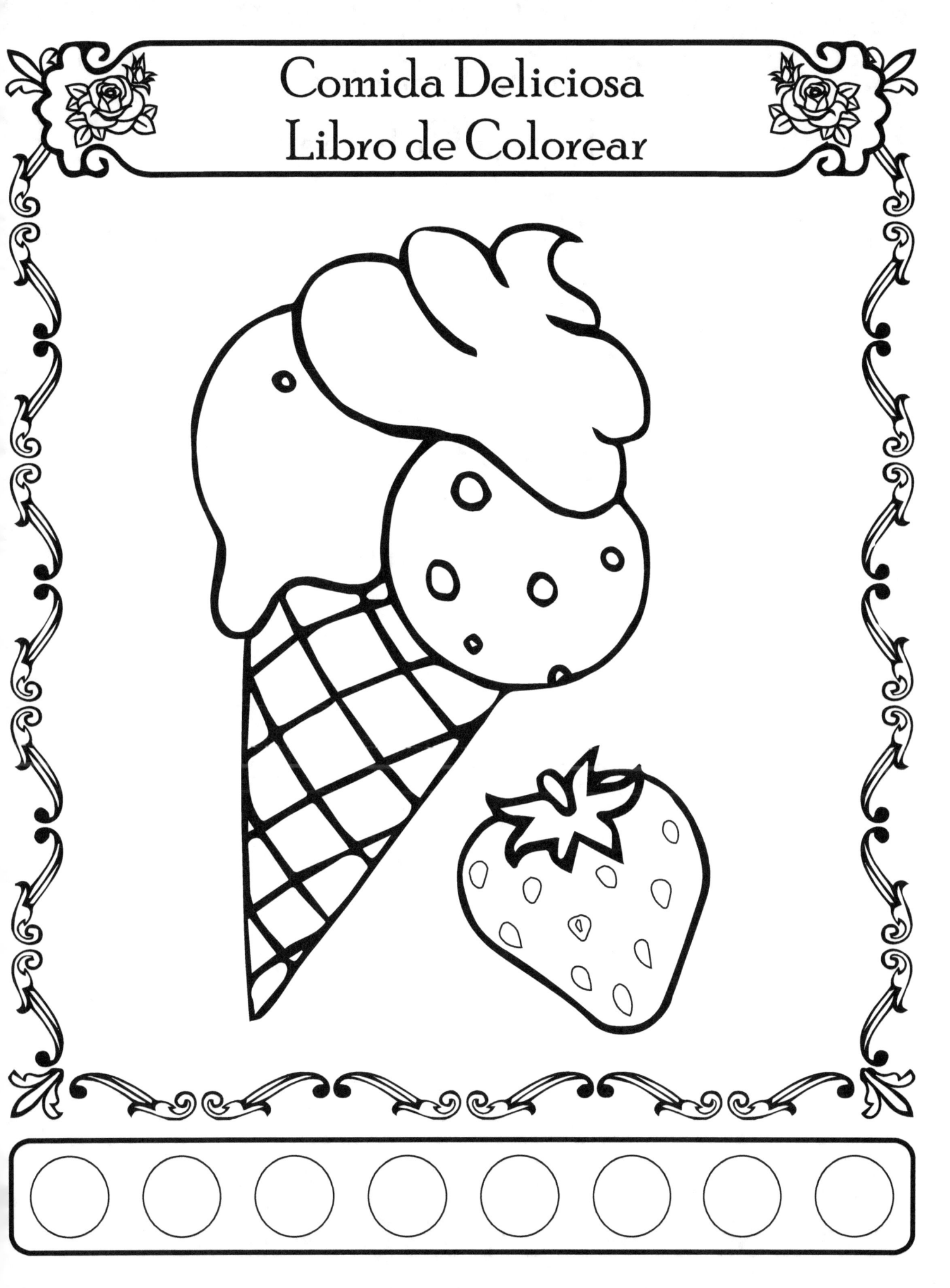

Comida Deliciosa
Libro de Colorear

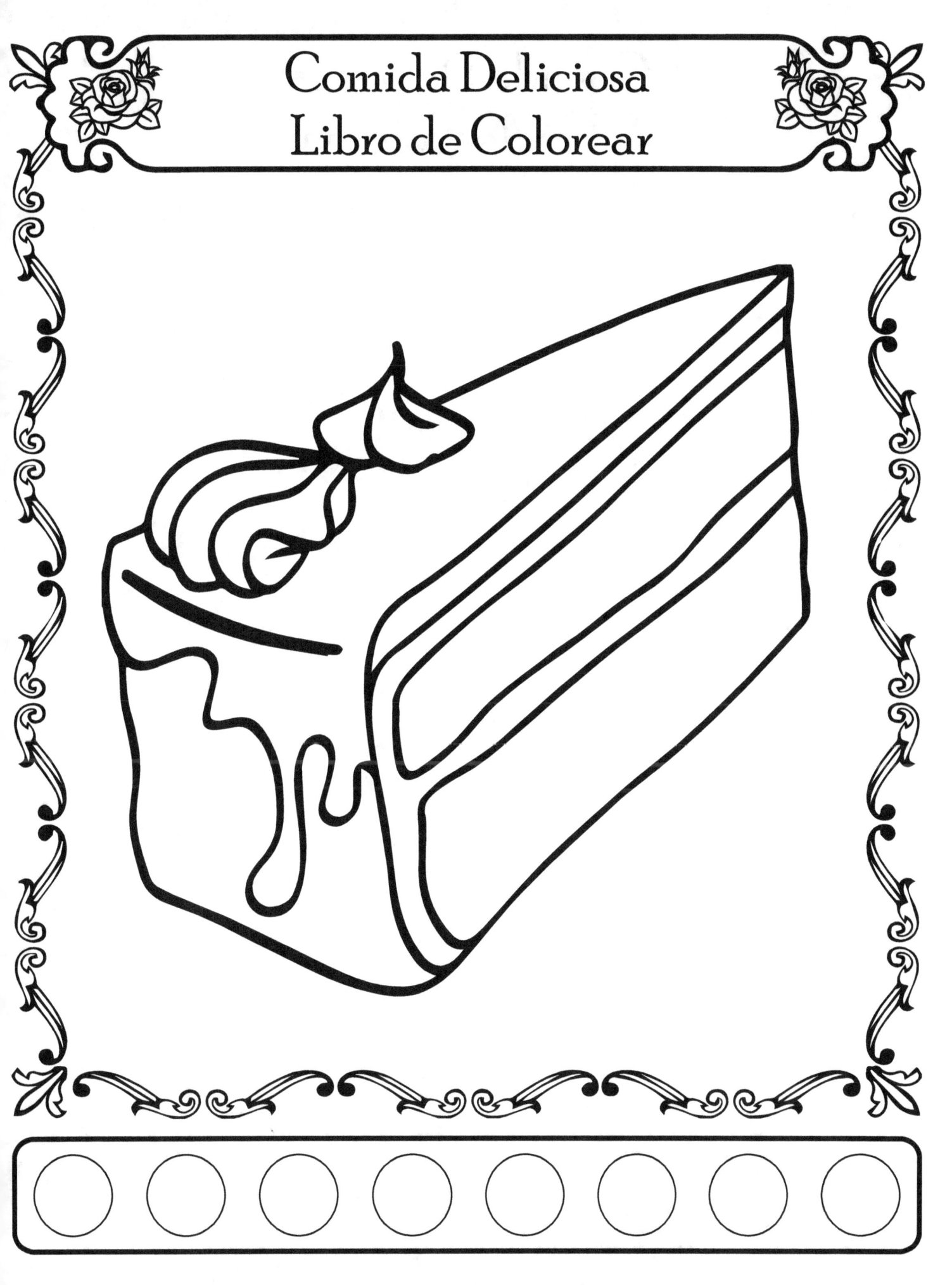

Comida Deliciosa
Libro de Colorear

Comida Deliciosa
Libro de Colorear

Comida Deliciosa
Libro de Colorear

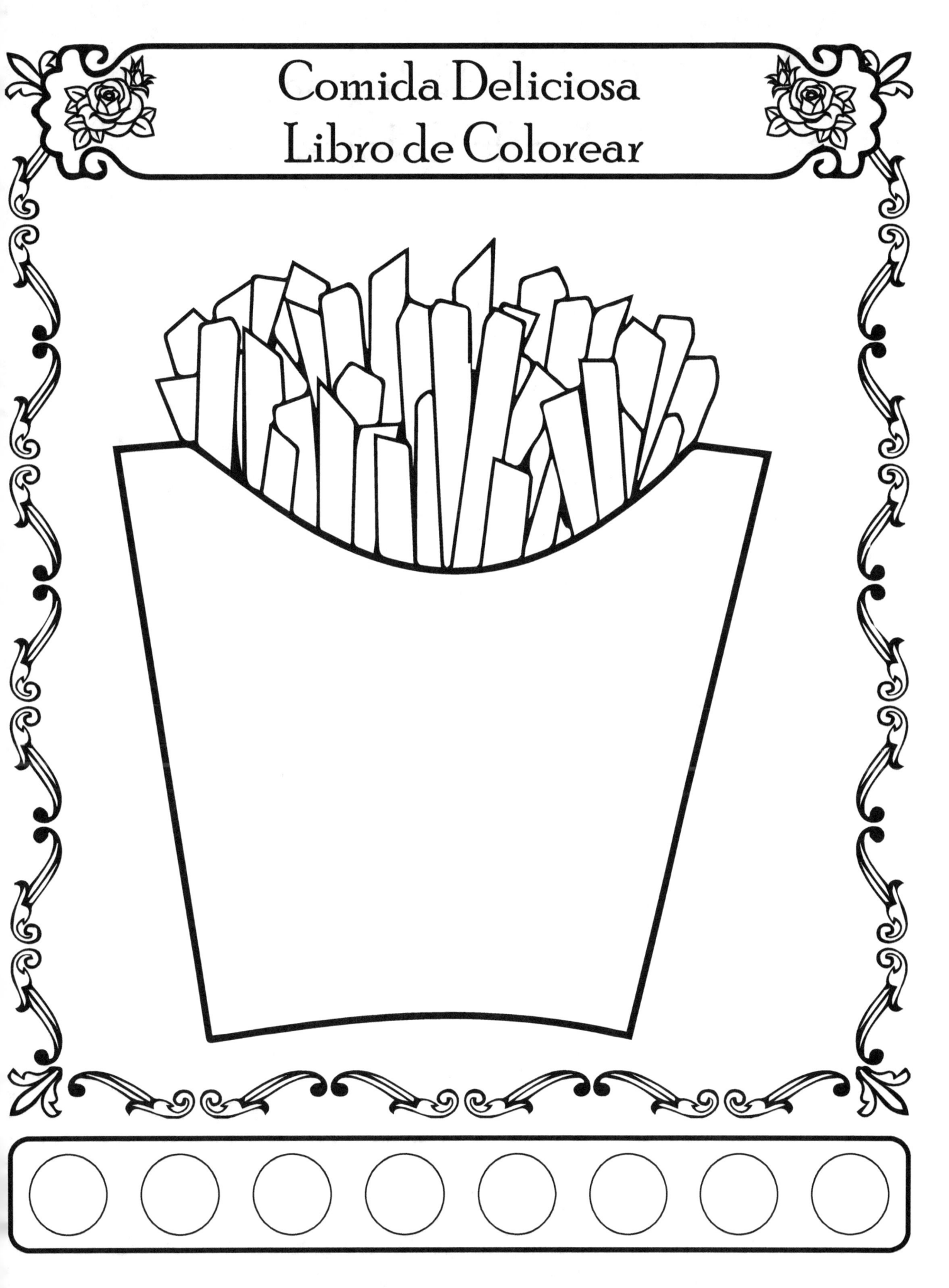

Comida Deliciosa
Libro de Colorear

Comida Deliciosa
Libro de Colorear

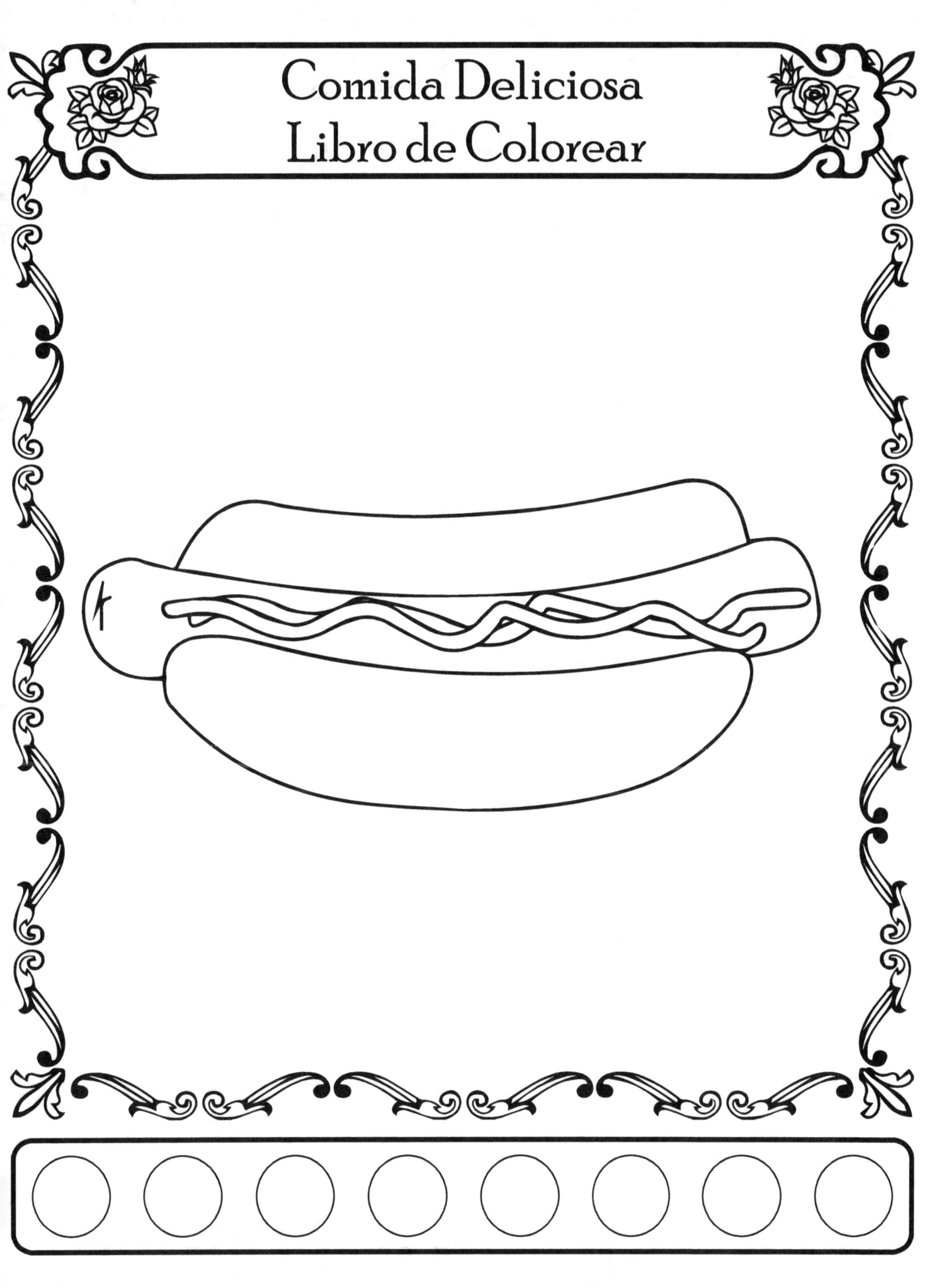

Comida Deliciosa
Libro de Colorear

Comida Deliciosa
Libro de Colorear

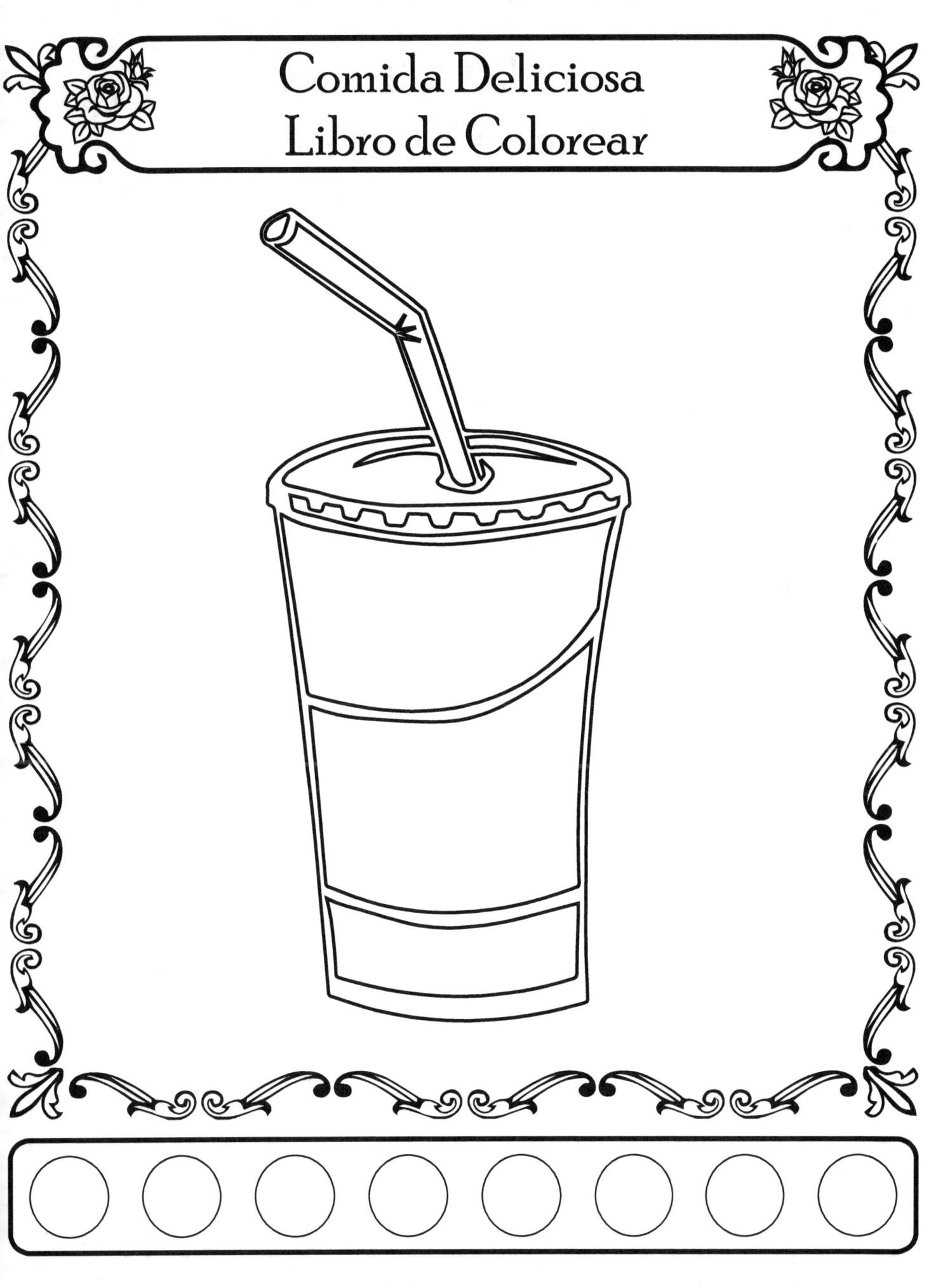

Comida Deliciosa
Libro de Colorear

Comida Deliciosa
Libro de Colorear

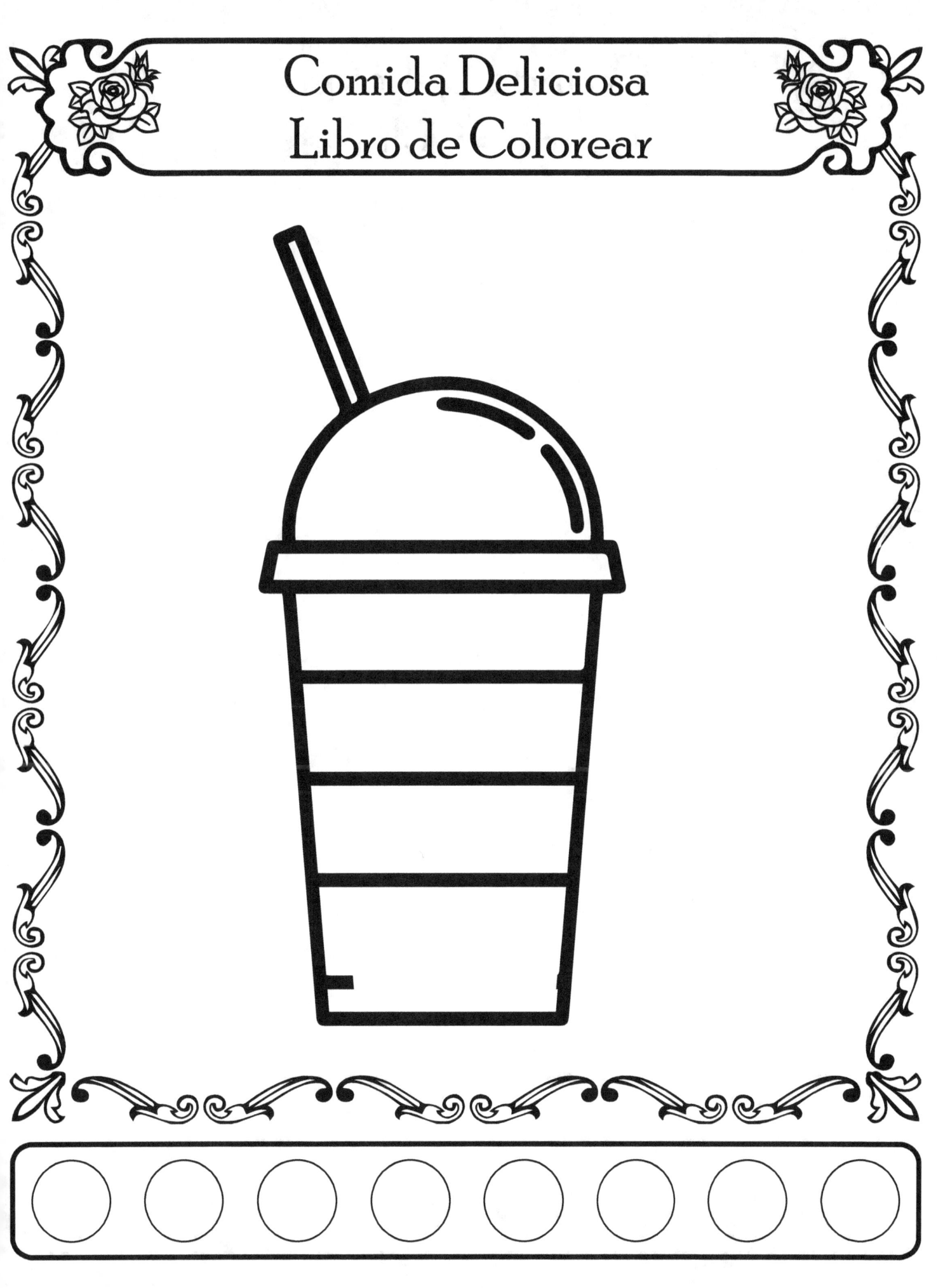

Comida Deliciosa
Libro de Colorear

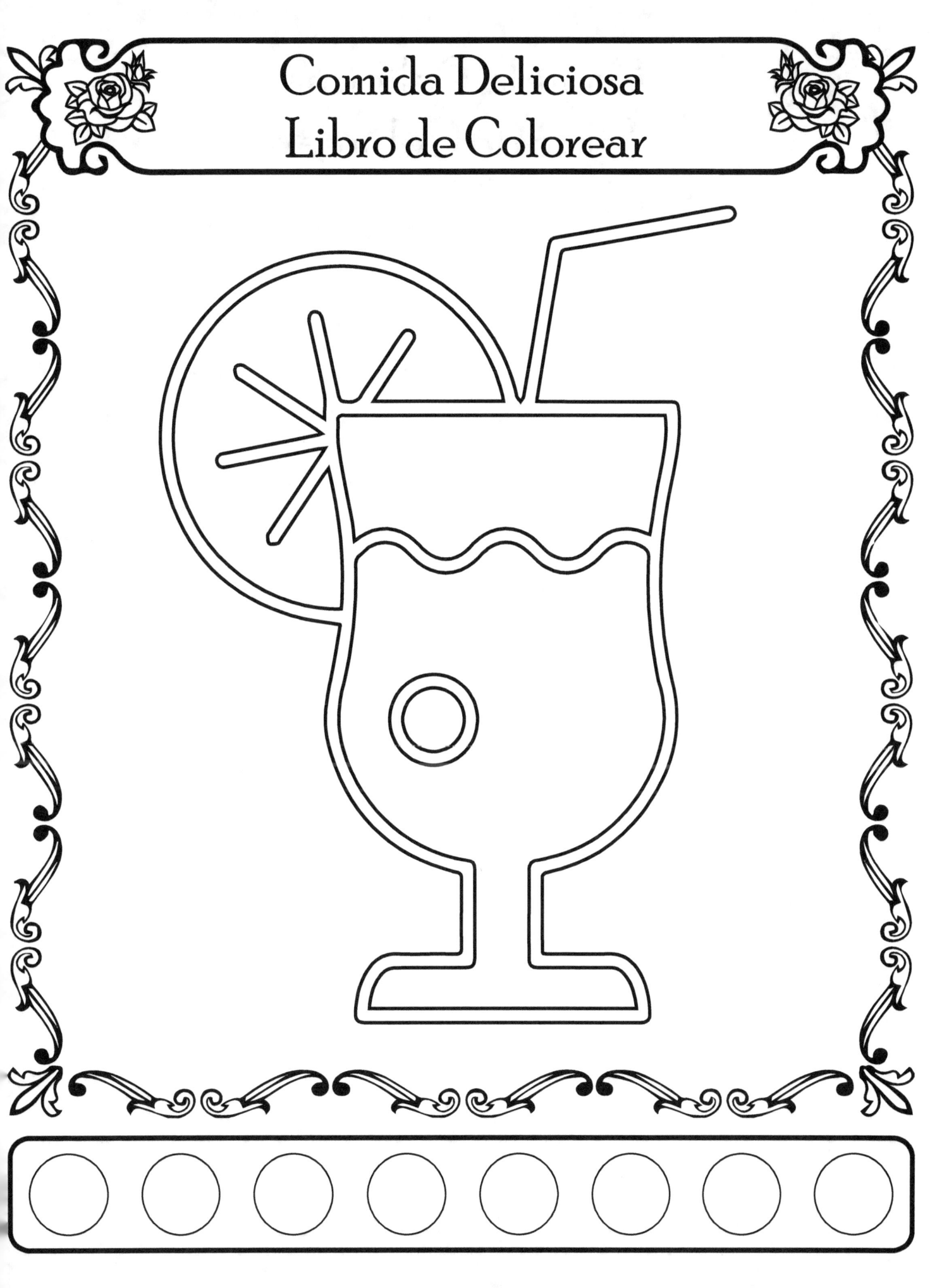

Comida Deliciosa
Libro de Colorear

Comida Deliciosa
Libro de Colorear

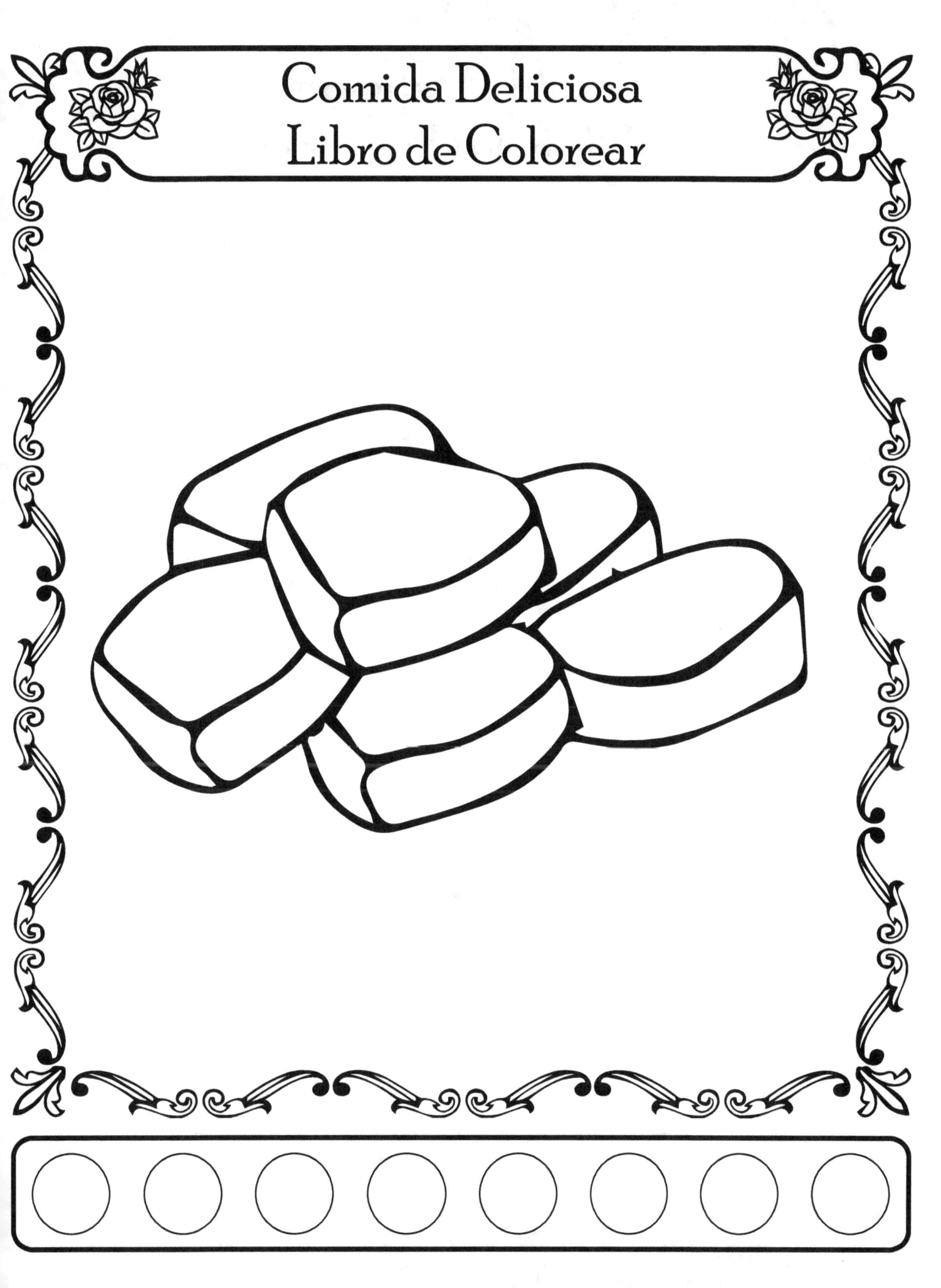

Comida Deliciosa
Libro de Colorear

Comida Deliciosa
Libro de Colorear

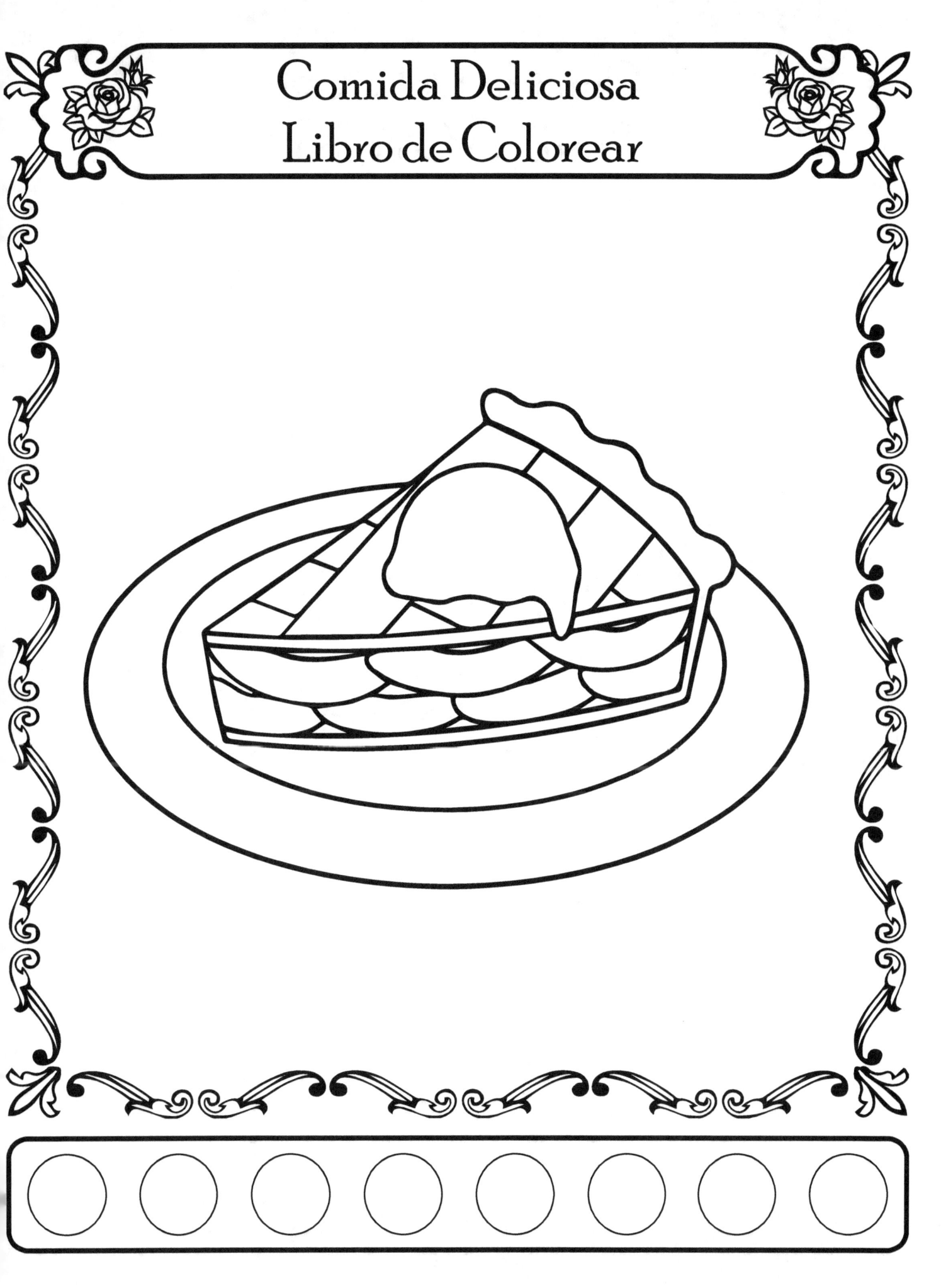

Comida Deliciosa
Libro de Colorear

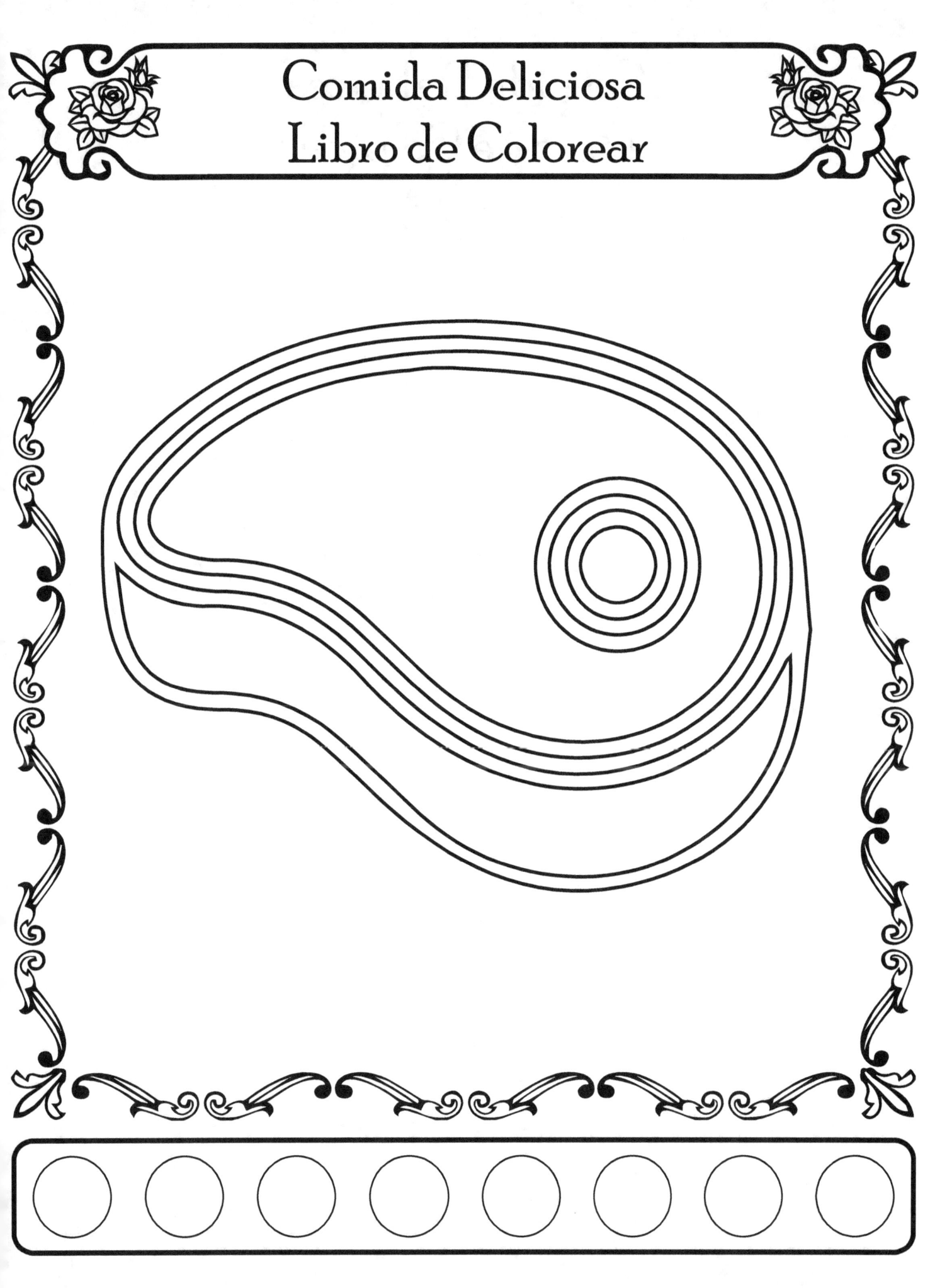

Comida Deliciosa
Libro de Colorear

Comida Deliciosa
Libro de Colorear

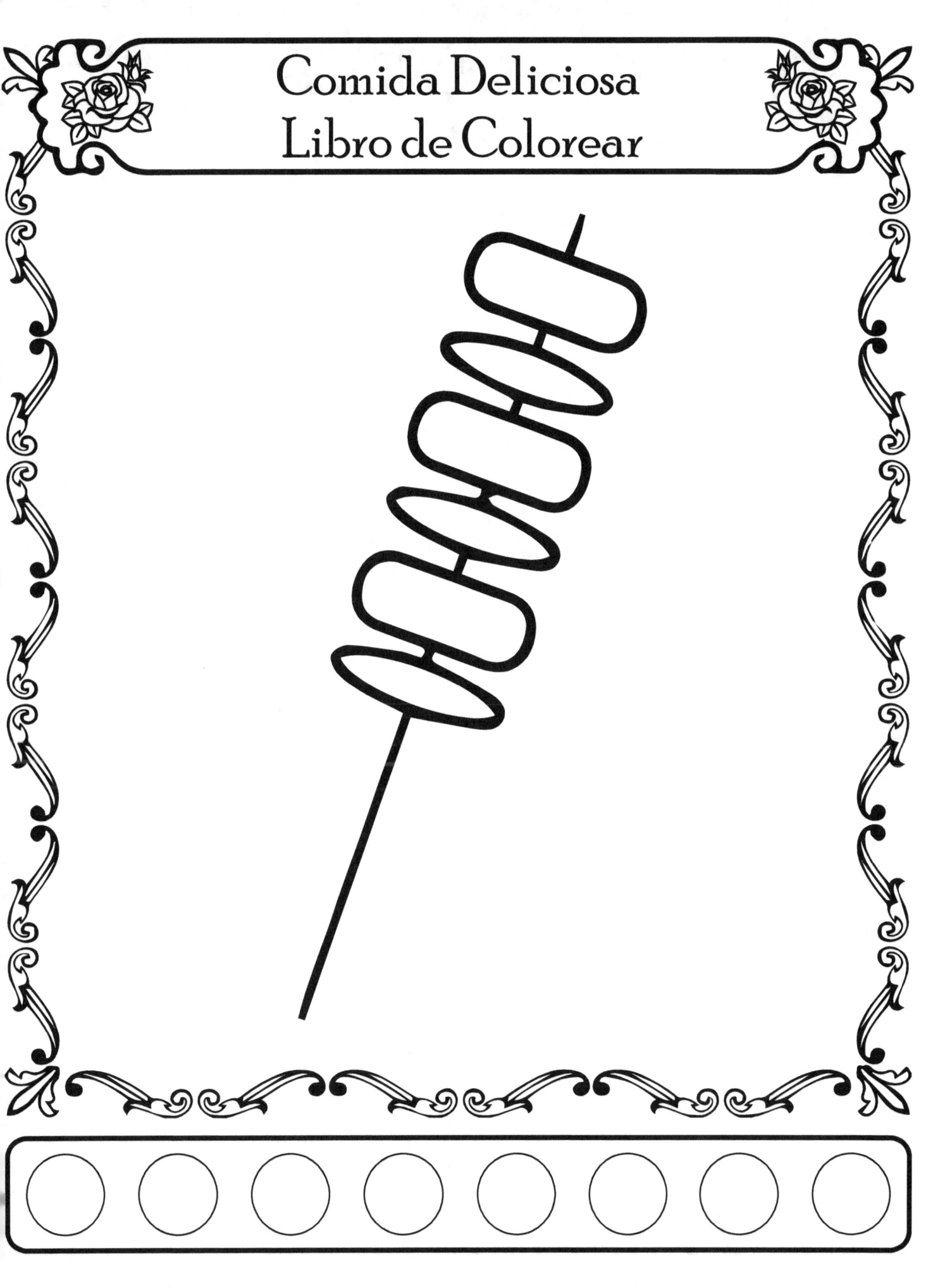

Comida Deliciosa
Libro de Colorear

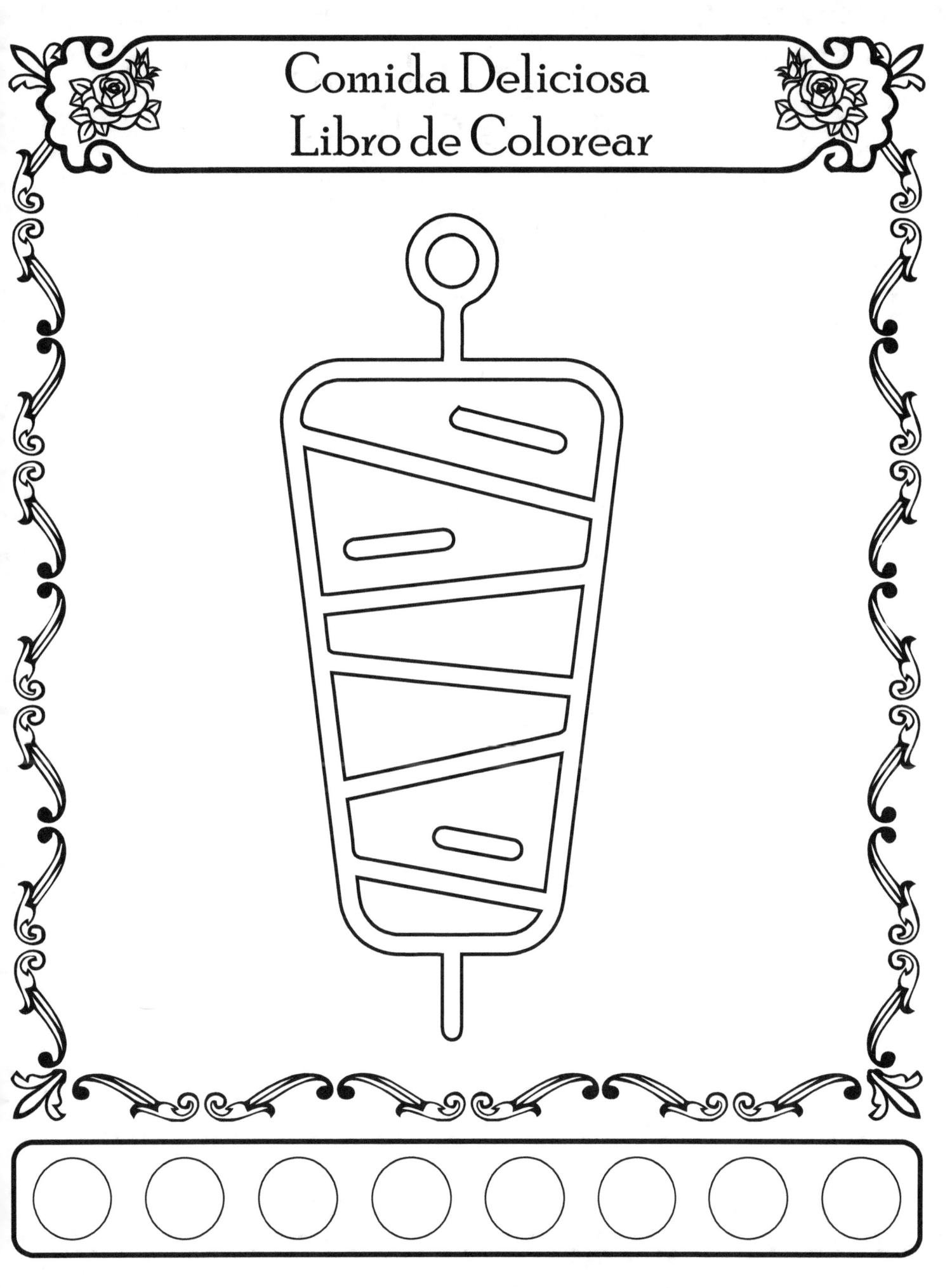

Comida Deliciosa
Libro de Colorear

Comida Deliciosa
Libro de Colorear

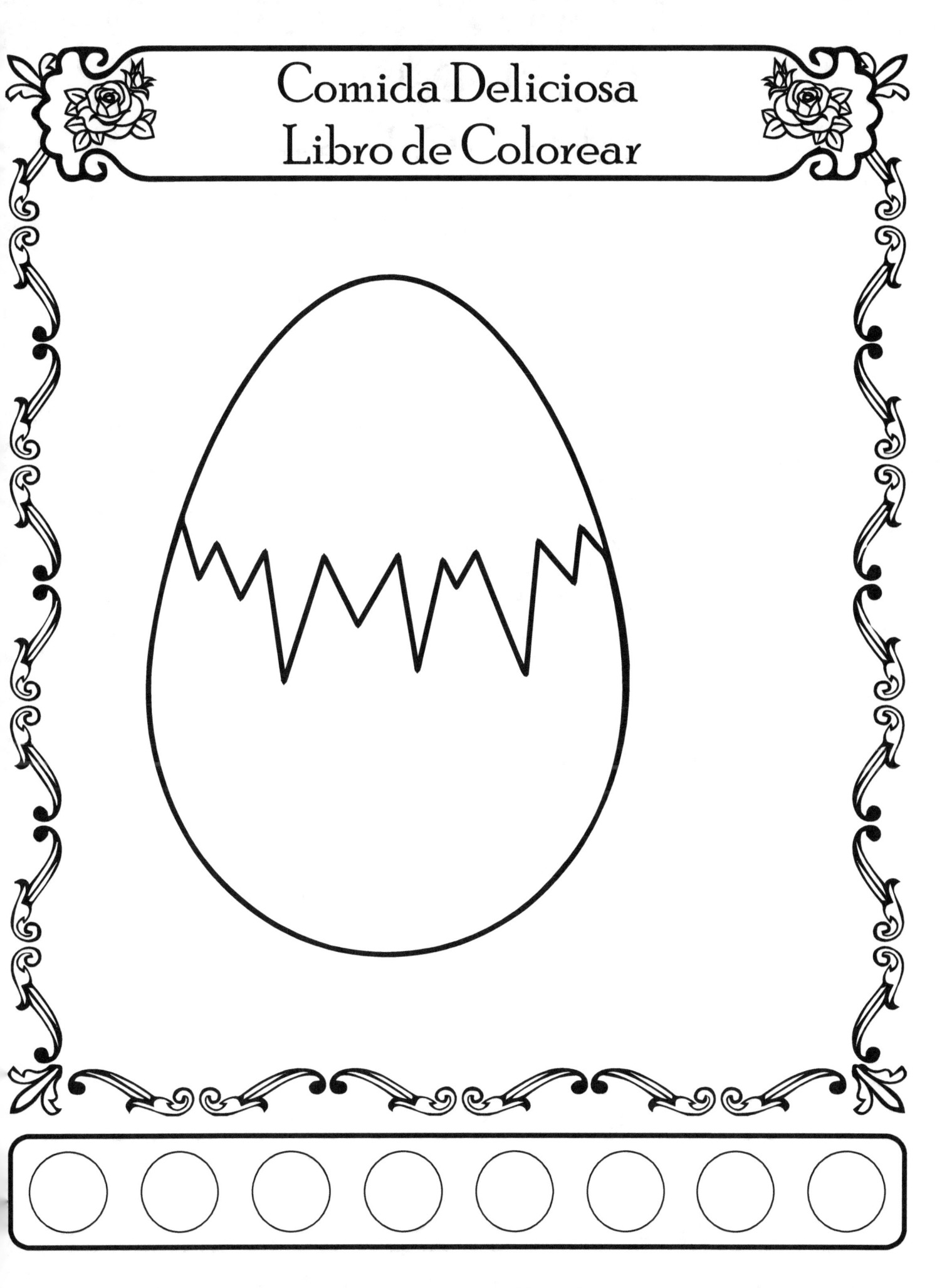

Comida Deliciosa
Libro de Colorear

Comida Deliciosa
Libro de Colorear

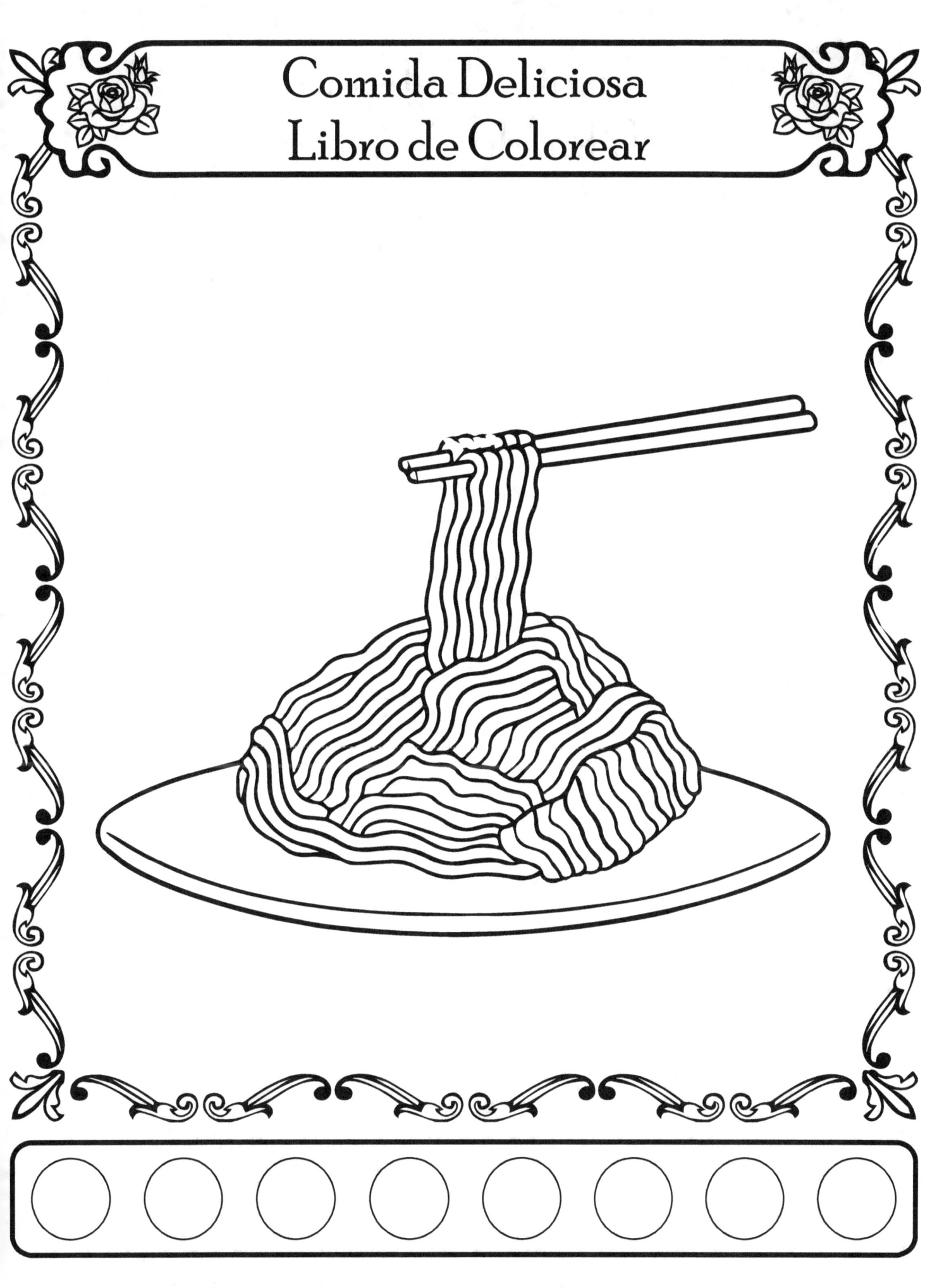

Comida Deliciosa
Libro de Colorear

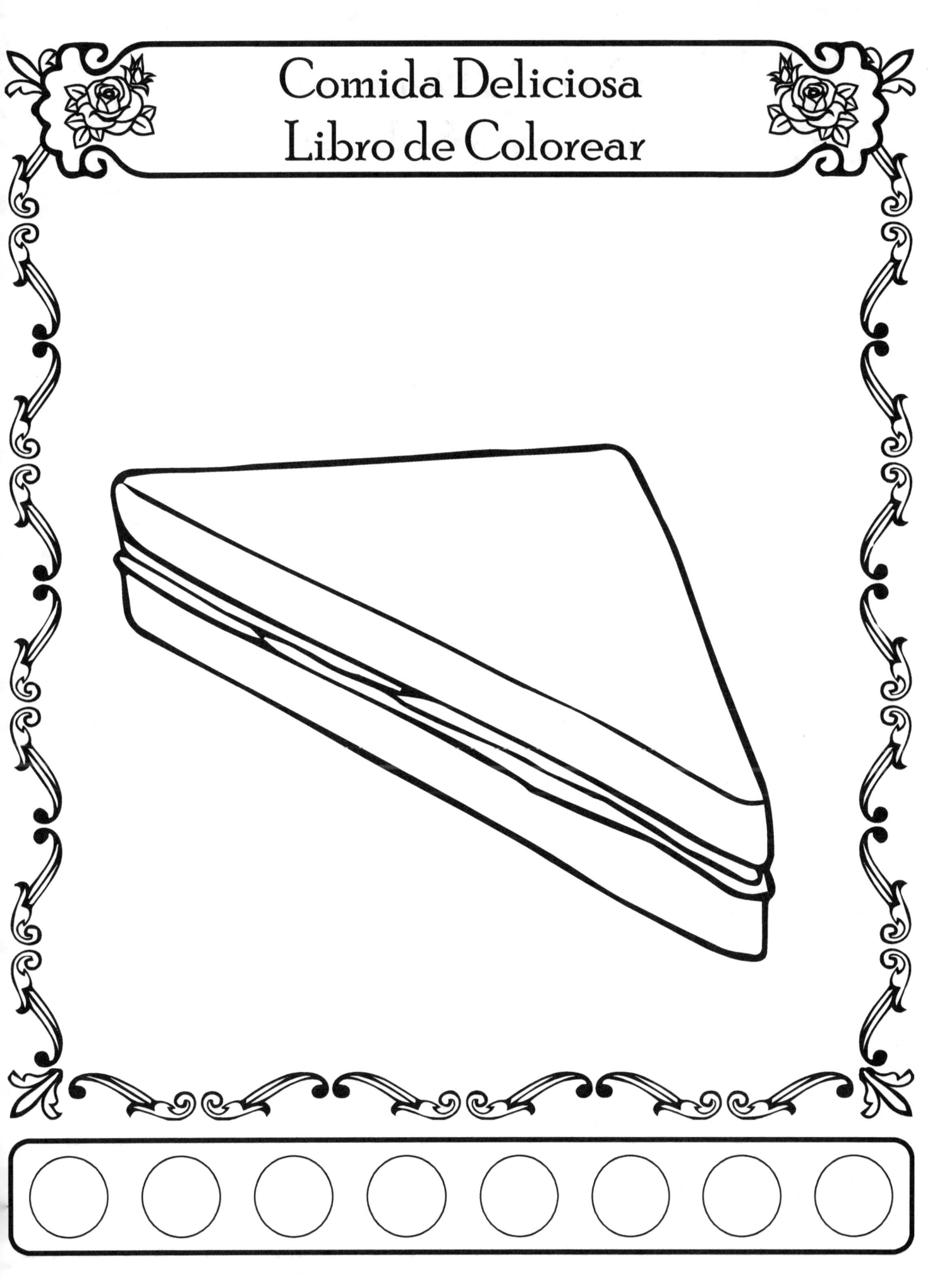

Comida Deliciosa
Libro de Colorear

Comida Deliciosa
Libro de Colorear

Comida Deliciosa
Libro de Colorear

Comida Deliciosa
Libro de Colorear

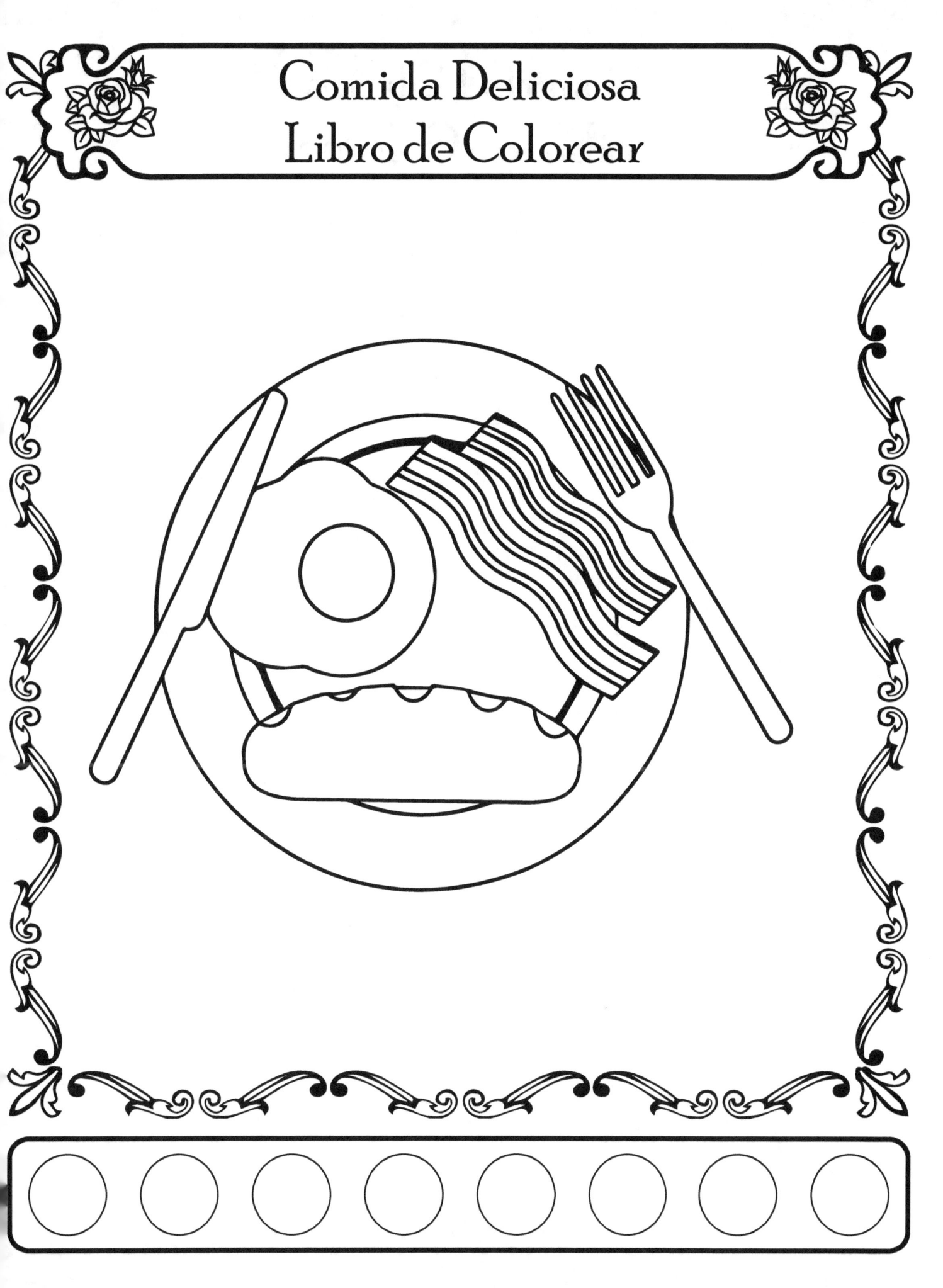

Comida Deliciosa
Libro de Colorear

Comida Deliciosa
Libro de Colorear

Comida Deliciosa
Libro de Colorear

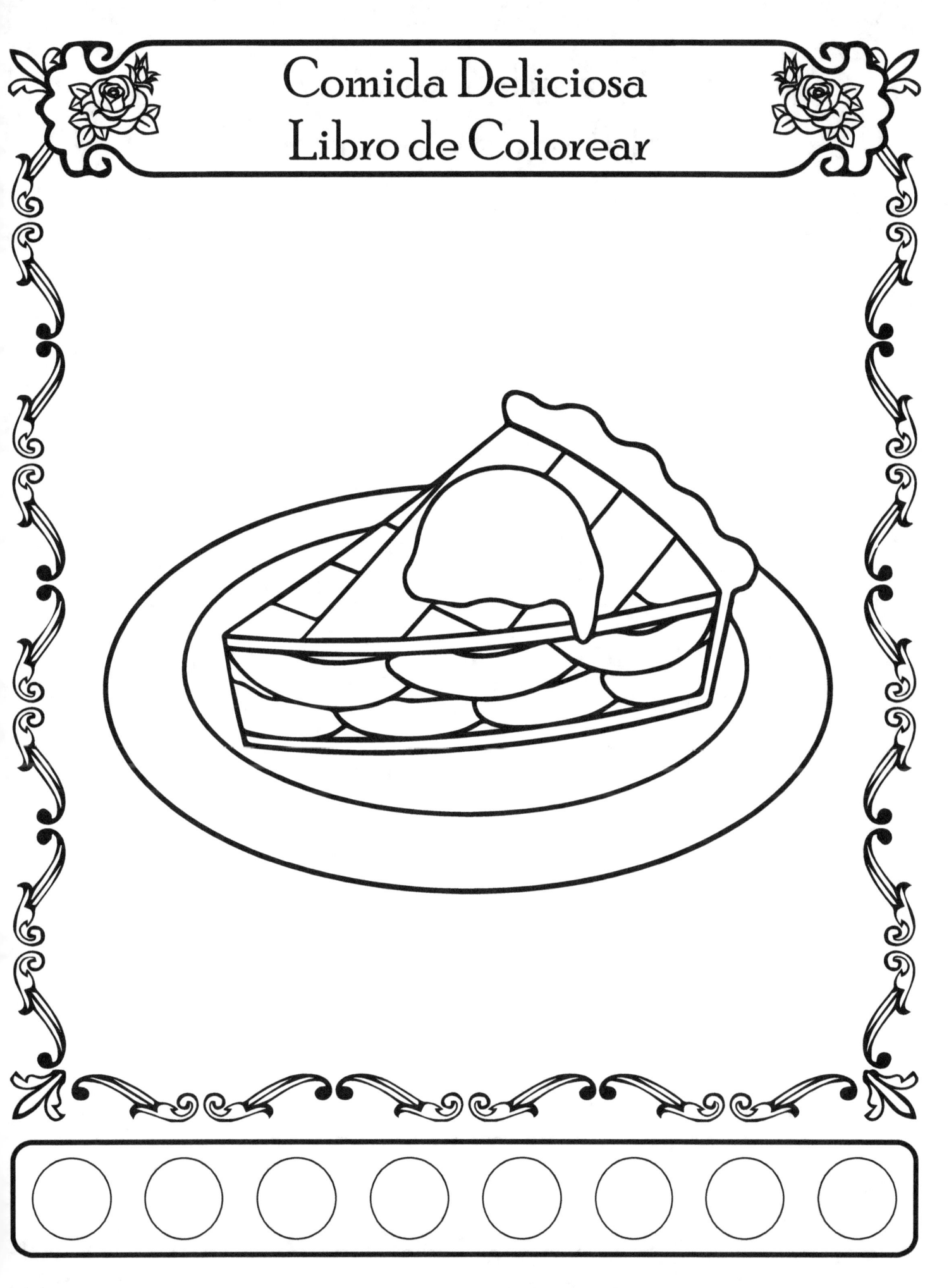

Comida Deliciosa
Libro de Colorear

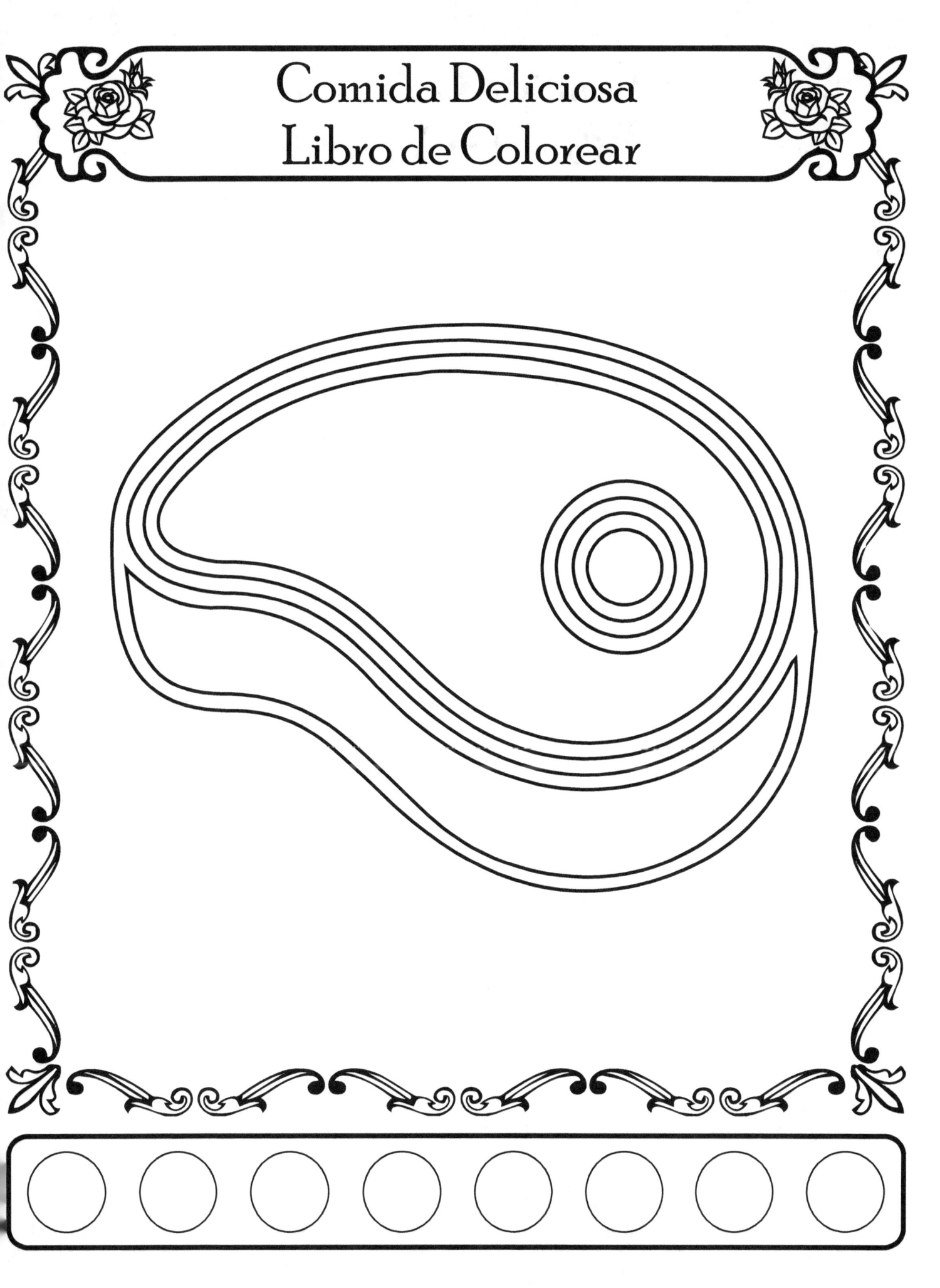

Comida Deliciosa
Libro de Colorear

Comida Deliciosa
Libro de Colorear

Comida Deliciosa
Libro de Colorear

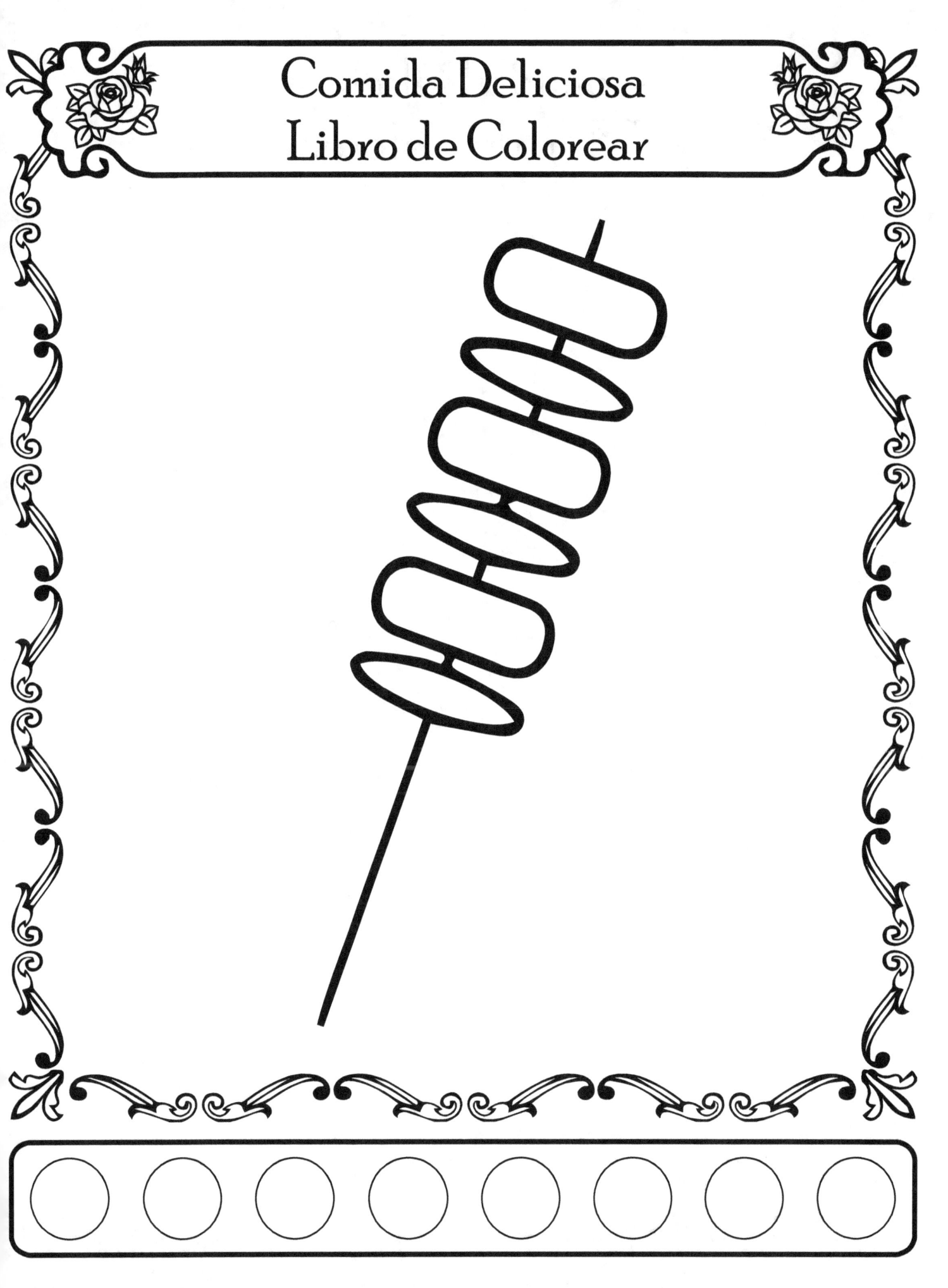

Comida Deliciosa
Libro de Colorear

Comida Deliciosa
Libro de Colorear

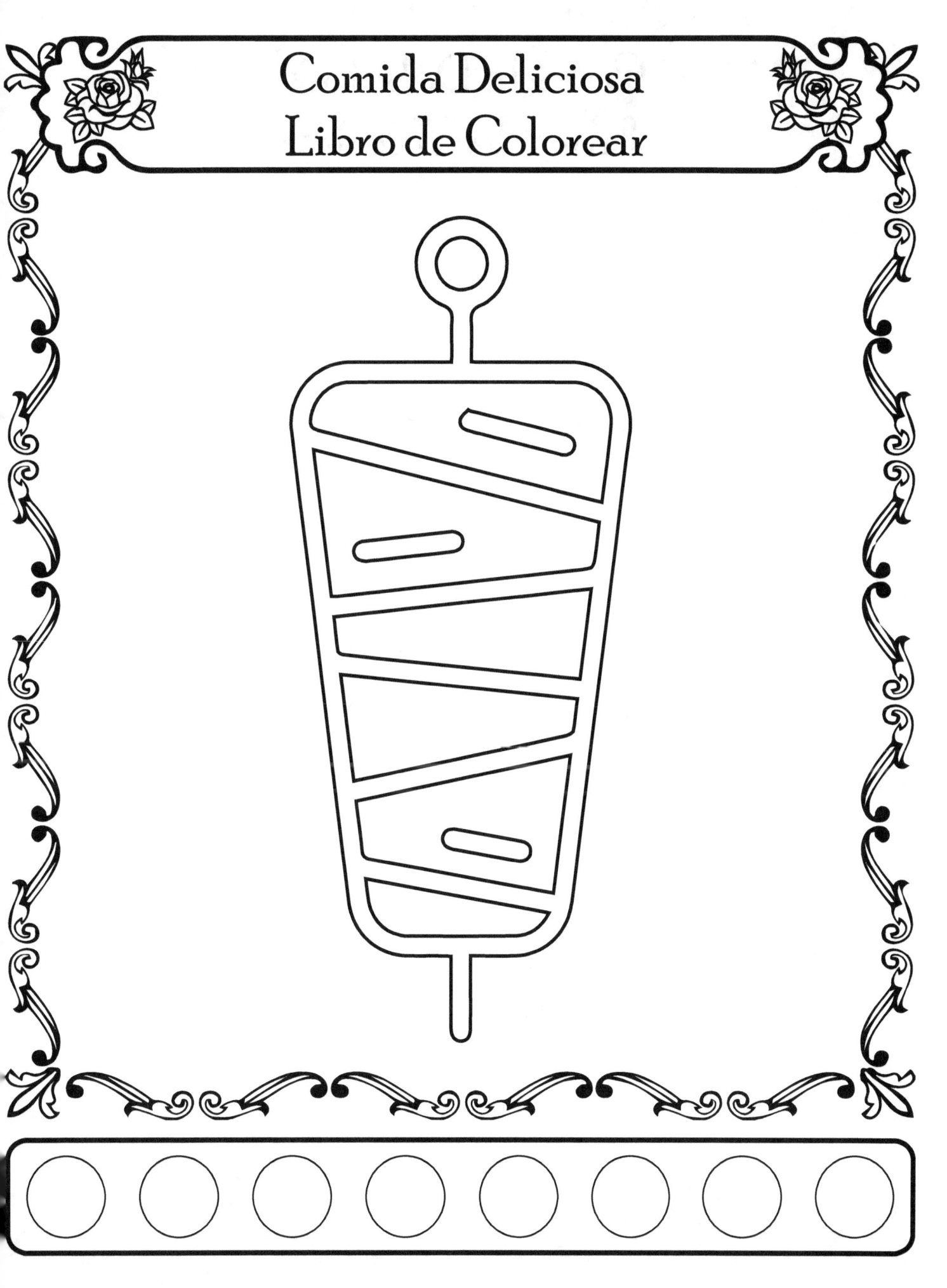

Comida Deliciosa
Libro de Colorear

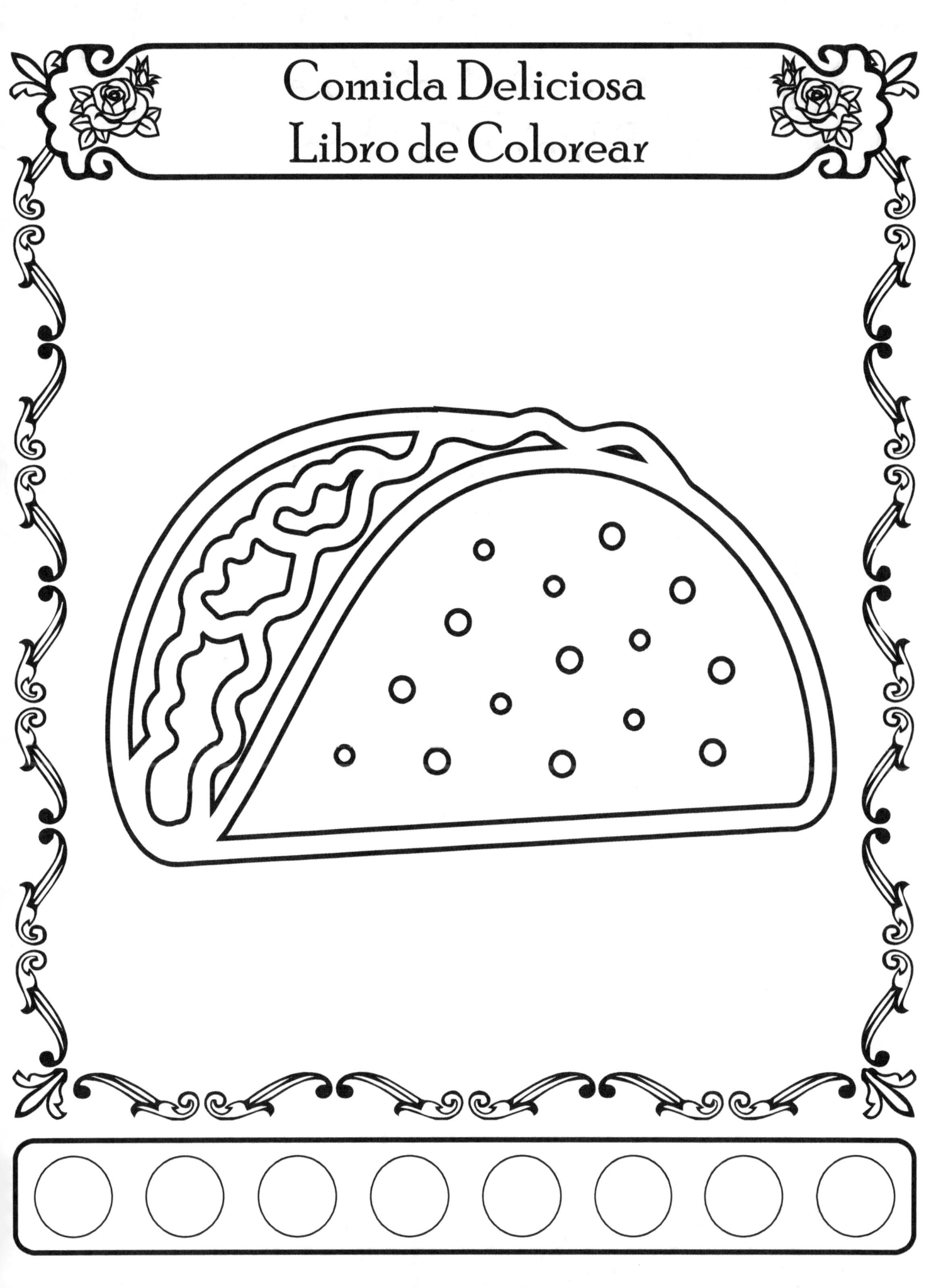

Comida Deliciosa
Libro de Colorear

Comida Deliciosa
Libro de Colorear

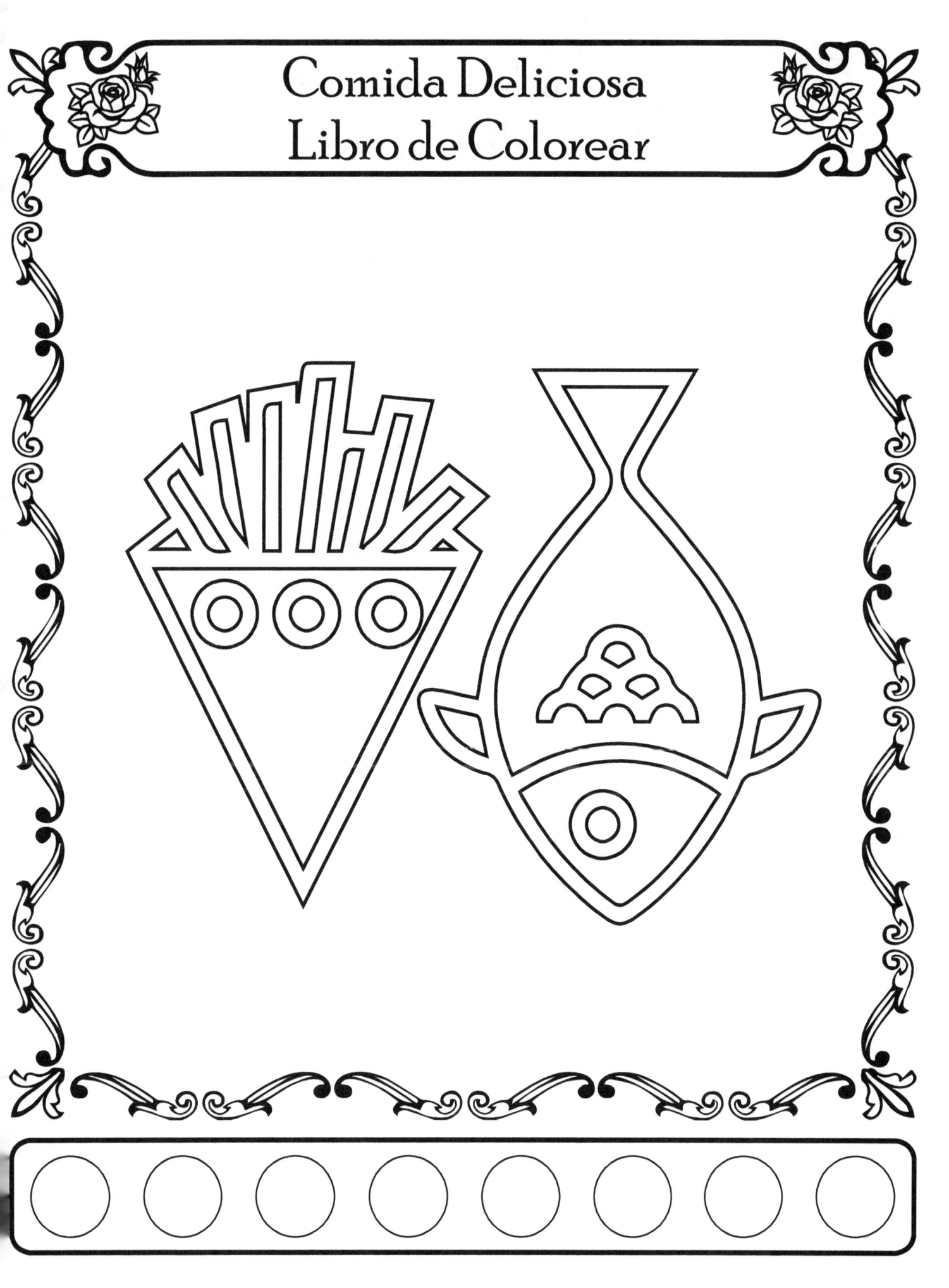

Comida Deliciosa
Libro de Colorear

www.ingramcontent.com/pod-product-compliance
Lightning Source LLC
Chambersburg PA
CBHW080857220526
45467CB00008B/2534